序章

主夫になるまで考えたこともなかった「主夫芸人」のこと

「家庭に入ってもらえませんか……」すべては彼女からのプロポーズで始まりました。

「人生は洗濯の連続である」

間違えました。シュフ的にはあんまり違和感ないのですが、あらためて、

「人生は選択の連続である」

こちらが正しいですね。

選択といっても「3パック100円以上する納豆を買おうかなーどうしようかなー」みたいな日常生活のなかのちょっとした選択から、「100グラム500円の牛肉を買おうかなーどうしようかなー」みたいな日常生活のなかの大それた選択までさまざまありますが、一般に人生で選択のポイントになるのは「①進学」「②就職」「③結婚」の3つの場面ではないでしょうか。

ちょっと話がそれますけど、高校生のころ生活設計を立案させる家庭科の授業があったのおぼえてます？　教科書的にいえば、

【生活設計】自己実現できる充実した人生を送るには、その場かぎりの生活を送るのではなく、将来の生活にむかって目標を設定し、その実現のために計画を立てること」（『家庭総合　生活の創造をめざして』高等学校／大修館書店より）

とまぁ、こういうことになるわけですが、「何歳で結婚する」の項目を書き込むあたりで、クラスの気になる異性をチラ見しながら内心盛り上がってしまい、「自己実現の目標」が恋愛・結婚だけに限定されちゃうみたいな。若いってほんと素晴らしいですよね〜。心当たりのある方も多いんじゃないでしょうか。

で、話を元に戻しますが、僕の選択ポイント「①進学」は、歴史と伝統のある文武不岐を建学の精神とした今どき珍しいバンカラ男子校にもかかわらず、「これからの時代は男性こそ家庭科を学ぶべきだ」という先生の言葉を真に受け、家庭科の教員を目指して家政学部のある大学へ進学するというものでした。

当時の先生方からの「本当に?!」的な反応ももちろんですが、数年後に、初の家庭科教育実習生として母校に戻ったときの職員室と担当クラスのザワザワ感といったら、それはもう半端なかったです。

男の家庭科教育実習生というだけで、
オネエでもなんでもないんですけどね。

そして「②就職」。大学で無事に家庭科と保健の教員免許を取得して、卒業時には私立校の教員へのお誘いもいただいていたようなのですが、結局僕がくだした選択は「お笑い芸人」になるというものでした。このときもまた、担当教授や就職課の皆さんの「本当に？」という視線とザワザワ感は相当なものでした。その後、大学を卒業してお笑い芸人として都内でライブ活動をしていましたが、紆余曲折あって「③結婚」という選択をすることに。

2010年ころのことですが、当時、組んでいたコンビを辞めさせてもらって、所属事務所も離れた僕は、お笑い芸人を続けるのか諦めて就職口を探すのかと、身の振り方を考えてウダウダフワフワとハローワークに通っていました。

そのときです。お笑い芸人を始めたころからお付き合いをして

ずっと支えてくれていた彼女から
「家庭に入ってもらえませんか？」とプロポーズを受けたんです。

それまでフワフワしていた僕は、この彼女の決断に心からドキッとさせられました。だって、彼女にとってこのプロポーズは、「選択」なんて生易しいものじゃなくって、ほんとに「決断」だったはずですから。

僕は、ウダウダ悩んでいた自分が急に情けなくなり、目が覚めました。そして、

力強く、「ふつつか者ですがよろしくお願いします」と
このプロポーズをお受けしました。

こうして「結婚」した僕は、お笑い芸人を「退職」したのと同時に家庭に「就職」し、専業主夫となったわけです。人生の選択はこれにて終了、めでたし、めでたし……。

かと思いきや、人生って面白いものですね。専業主夫として文字通りの「洗濯」に勤しんでいたところに一本の電話が入りました。芸人を始めたころからよくしてもらっていた先輩芸人のサンキュータツオさんからでした。

「中村？　最近どうしてるの？　まさか芸人辞めたりしてないだろうな」

「すみません。芸人辞めて今は専業主夫やっています」

「えー！　元芸人で家庭科の教員免許持ってて、専業主夫やってるの！　面白いじゃん！」ってなことになりまして、誘われるまま仕事をお手伝いさせていただくようになっていきます。

専業主夫になる選択を後悔していたわけではありませんが、心のどこかで「お笑い芸人」としての仕事に少なからず未練が残っていたんですね。僕にとって、このお誘いはほんとうに心が救われるものでした。そして、そんなタツオさんからは、さらに重大な選択肢を与えられることになりました。曰く、

中村、おまえ「主夫芸人」にならないか。

同じく先輩のマキタスポーツさん、プチ鹿島さんとタツオさんが自主制作でネット配信していた『東京ポッド許可局』という番組の収録現場に同行していたときに、この選択は突然訪れました。僕に、主夫芸人として出演してもらおうと思っているという、なんともありがたいお話。

「主夫芸人」誕生の瞬間です。その後は芸名大喜利の末に、「やりくり中村」「中村主夫」「中村シュフ」のなかからめでたく「中村シュフ」という芸名を選択することになったわけです。

こうして中村シュフとして先輩方の番組に出演させていただくようになり、家事やお手伝い、あ

るいは僕の専門である家政学の話なんかをさせてもらっていたところ、ありがたいことにそれを聞いてくださった方から多くの反響をいただきました。ワークショップの講師や雑誌の取材、ラジオ番組への出演などもさせていただけるようになり、そして現在、こうして本を出版させていただく運びとなりました。本当にありがたいです。

家政学科へ進学した「選択」、お笑い芸人の道へ進む「選択」、専業主夫になる「選択」と、すべての選択が無駄にならずに回収された結果「主夫芸人・中村シュフ」になることを「選択」できました。

不思議だなー。「選択」が「洗濯」する日々を導き、そして、中村シュフになる「宣託」を受けるにいたったと。やっぱり、

「人生はせんたくの連続である」

っていうことですね。おあとがよろしいようで。

主夫時代タイムスケジュール
～娘1人バージョン～

●2014年5月　●妻フルタイム勤務中　●娘1歳

5:00	**起床　洗い物　朝食準備**
5:30	娘に起こしてもらった奥さんが起きてくる
6:00	家族そろって楽しい**朝食**
7:00	**奥さん出発**　娘といっしょに玄関で「いってらっしゃい」
8:00	娘と遊びながら、ときには手伝ってもらいながら**洗濯**、 **掃除**などの家事
10:00	近所の**公園へ遊び**に出かける
11:30	帰宅して**昼食準備　昼食**
13:00	娘が**お昼寝**スタート **家事の続き or 原稿書き**などのデスクワーク
15:00	娘が目を覚ます　**お買い物**へ出かけたり、 近所の**児童館**へ連れて行ったり
16:30	**夕飯準備** 娘とは別メニューの奥さんの夕飯もこのときに作っておく
17:00	**娘の夕飯**
18:00	娘といっしょに**お風呂**
19:00	娘を**寝かしつける** この間に奥さんが帰宅してお風呂へ
20:00	奥さんといっしょに**夕飯** **一日の報告会**
22:00	奥さんといっしょに**就寝** 家事やデスクワークが残っていたら**残業**

芸人時代タイムスケジュール

●2005年頃　●独身

4:00	**起床**　風呂無しアパートに手作りした**簡易シャワー**を浴びる **朝食**
5:30	駅構内のミルクスタンド（牛乳とかパンとか売るお店）の**早朝バイト**へ
12:00	バイト終わって**帰宅** **昼食**
13:00	近所の商店街に**お買い物**、 **洗濯**など
15:00	ライブ会場近くの**公園で稽古**
16:30	**会場入り**
18:00	**ライブスタート** ウケなかったり、笑いが少なかったり、 でも彼女（奥さん）だけは笑ってくれている
20:30	**ライブ終了**
21:00	**打ち上げ**
24:00	**電車に乗って帰れるところまで**
1:30	**駅から歩いて帰宅** **泥酔**

第一章

主夫になってはじめてわかった「家事」のこと

その1

新鮮な食材を使う＝賢いシェフ、とは限らない

いまでこそこうして〝主夫芸人〟を標榜している僕ですが、これでもその昔はきちんと大学の家政科に通い、家庭科の教員免許を取得するために勉強していました。これはそのころ、先生が家庭科の教員を目指す「タマゴ」の僕たちにしてくれた、とても考えさせられるタマゴの話です。

ある小学校の家庭科の授業で「新しいタマゴと古いタマゴの見分け方」を教えた先生が、子どもたちに小テストをしたそうです。

テストの内容は、【どちらのタマゴを使ったらよいでしょうか？　正しい方に○をつけなさい】という設問とともに、お皿の上に割られた卵を横から見たA・B2枚のイラストがあり、Aは黄身の部分が盛り上がっていて白身の広がり方が小さいもの、Bは黄身の部分が平べったくて白身がだらっと広がっているものでした。

タマゴの鮮度測定法については今日の授業で教えたばかりですし、しかも簡単な2択の

問題でしたから、先生は全員が当然「A」と答えると思っていました。ところがなんと、ひとりの女の子が「B」に○をつけたのです。驚いた先生は自分の教えかたが悪かったのかもしれないなと思い、その生徒を職員室に呼び出し、どうして「B」を選んだのか聞いてみました。

するとその女の子はこう答えました。

「もちろんAの方が新鮮なタマゴだっていうことはわかりました。でも【どちらのタマゴを使ったらよいでしょうか？】って書いてあったからBに○をつけました。うちでは古いタマゴの方から使っているので」

話をさらに聞いていくと、その子のうちは両親が共働きのため、ふだんから自分が弟や妹たちにご飯を作ってあげており、冷蔵庫のなかの食材は古い物から使うようにと母親に教えてもらっていたというのです。

ここで先生はあることにハッと気がついたといいます。設問の文章がよくなかったという反省もあったそうですが、もちろん先生が気づいたのはそんなことではありません。それは、

シュフあるある　大掃除でいちばん大切なのは、じつは準備運動です。

知識や技術を教えることばかりに気をとられ、家庭科を通じてもっとも教えなくてはならない肝心な「生きる力」をおろそかにしていた

ということでした。

あれから9年後、僕はシュフとして家庭に入ってみて、このエピソードのほんとうの意味にはじめて気づきました。家庭科という教科は本質的に実学であり、じっさいの家事でシュフに問われるのは、教科書なんかには書かれていない「実践力」であるということに。料理に洗濯、それから裁縫や育児にいたるまで、そのすべての「家事」にはもちろん基本的な理屈や技術があります。そして、その理屈や技術を習得することで「家事」の効率が格段によくなることは間違いありません。

でも、それだけではダメなんです。

日々同じ繰り返しに見える家事ですが、そこには教科書どおりの正解なんてひとつもありません。

家庭のシュフというのは、ただひたすらにすべてを自分で考え、判断し、そして行動することの連続で、まさに「生きる力」を問われる毎日なのです。

＊　＊

とはいえ僕のシュフ歴も足かけ5年目。すでにかわいい娘の親にもなりました。シュフとしては「タマゴ」の殻をきちんと破っていかないとね。

シュフあるある　キッチンタイマーを止めて、ガスも止めたつもりになってしまう。

その2

料理は「冷」に始まり「冷」に終わる

シュフになって僕がいちばん実感した「これ教科書には載ってなかったよなぁ」っていうのは、「家事には流れがある」ということです。これって、じっさいに毎日家事をこなしていると当たり前に思えてくることなんですけど、ふだん家事を担当していない「非シュフ」の方にとってはほとんど理解されていないと思うんですよね。

たとえば、家事で疲れた奥さんを見かねた旦那さんが、「夕飯を作ってあげるよ」と言っておもむろにキッチンに立ち、料理を作り始めたとします（＊一般的にはまだ、シュフ＝奥さん、非シュフ＝旦那さんというケースが多いと思いますので、その設定でつづけます）。

このシチュエーションに対して世の中の旦那さんの多くは「なんて優しい夫なんだ！」って思うかもしれません。

でもですね、逆に世の中の奥さんの多くは「余計なことしなくていいのに！」と思っていたりするんですよ。不思議に思うかも知れませんが、そうなんです。

シュフである妻と、非シュフである夫の間のこうしたギャップは、なぜ生まれてしま

うのでしょうか？　その答えこそが、冒頭の「家事には流れがある」ということなのです。

このことを非シュフ側が理解していない限り、このギャップはけっして埋まらないのです。

どういうことか、もう少し細かく見ていきましょう。

多くの旦那さんにとって「料理」という家事は、「キッチンに立って、野菜を切って、フライパンで炒める」ことなんですね。なんなら、

フライパンから火がブワッてなって、
三ツ星レストランの一流シェフみたいに
カッコイイ感じで作りたい！

なんて、見当違いなことすら考えています。残念。

そうなんです。非シュフである旦那さんは、どうしても「目立って派手でカッコイイ部分（＝ハデカジ）」しかやろうとしないんです。っていうかそれが「料理」のすべてだと思っちゃっているのです。無念。

シュフあるある
ちょうど洗い物が終わったタイミングで
お弁当箱を出してくるセンスのなさにガッカリ。

ところが、シュフにとって「料理」はそんなに単純なものではありません。シュフが料理をしようとするときには、①冷蔵庫を開けて食品在庫チェック↓②献立を決める↓③必要があれば買い出し↓④調理↓⑤家族で楽しく食べる↓⑥洗い物・ゴミ処理などの後片付け↓⑦明日のための冷蔵庫チェック、といった一連の作業を無意識におこなっています。

つまり、「料理」という家事にはこのように①〜⑦の流れがあり、④の調理だけでは、「点」にしかならないんです。全体の流れを無視して、やたらめったらなところに派手な「点」を打たれてしまうと、その次の「点」につなぐための軌道修正がひと苦労なんですよ！

ちなみに僕はこれを、

料理は「冷」に始まり「冷」に終わる

と呼んでいます。

この後も繰り返し触れることになると思いますが、「料理」に限らず「洗濯」「掃除」など、すべての家事に「流れ」は存在しています。このことを理解しているかどうかが、効果的なお手伝いをするためのポイントになってきますので、非シュフの方にはぜひ覚えておいてほしいですね。同じお手伝いをするなら、「余計なことしてんじゃねえよ！」と思われるより、「おっ、なかなかやるね」と思われた方が全然いいですから。

＊　＊

ちなみに僕の奥さんは、「家事には流れがある」ということをよーく理解してくれているので、僕が作った心地よい家事の流れを乱さないようにと、一生懸命家事に関わらないようにしてくれています。「家事ができない」のではなくて敢えて「家事をしない」ことで、僕の家事を手伝ってくれているのです。……そうなんだと思います。そうだよね、きっと。そうに違いないと思いたいです……グスン。

シュフあるある
ポケットのなかのハンカチやティッシュを出してから
洗濯かごに入れるのって、そんなに難しいことかなぁ……。

その3

ほんとうに全自動の洗濯機なんてありませんから

冬季オリンピックシーズンに「3回転決まった！」といえば、それは間違いなくフィギュアスケートのことです。では、晴れた日の昼下がりに「3回転決まった！」と聞こえたとすれば、それは何でしょう？ それはかなりの確率で、洗濯をしているシュフの心の声が漏れてきているのです。

そう、次は料理とならんで代表的な家事のひとつ、洗濯における「流れ」についてです。洗濯というのは元々、「汚れたら洗う」ものでしたが、現代ではちょっと違います。洗濯は、

「汚れたら洗う」だけではなく、
「着たら洗う」ものになったのです。
そして、服を「着ない」日はないんです！

極端な話、家から一歩も出ずに快適な室温のなかで生活していたとしても、「着たら洗う」

が習慣になっている僕たちは、その日着ていた服を何の疑問も持たずに洗濯カゴに入れてしまいます。厳密に言えば、生きている以上、新陳代謝がありますからまったく汚れていないっていうことはないけど、でも冬の寒い日に何枚か重ね着したいちばん上のトレーナーなんかはね、正直洗わなくても大丈夫じゃないって気持ちです、僕は。

まあそういった個人差は置いとくとして、でも、毎日必ず新しい洗濯物が生み出され、そして洗濯されているというのは紛れもない事実ですし、そういう意味では「洗濯」という家事にもゴールはないんです。

しかしながら、そんな絶え間のない洗濯マラソンを日々つづけているシュフに対して、こういうことをおっしゃる非シュフの方がいらっしゃいます。

全自動洗濯機なんだから、ボタンを押すだけでしょ？

いいえ違います。全然、全自動じゃないんです。

家事の「流れ」を全然わかっていない典型的な非シュフの発言ですね。

シュフあるある
これも、これも、これも……全部インクが出ないボールペン。
使い切ったらちゃんと捨ててよね。

「洗濯」という家事は、洗濯機の前だけで完結するわけではありません。あたりまえです。①洗剤の確認→②洗濯物の下準備（下洗いや色物の分別など）→③洗濯機を回す（脱水が終わるまでは洗濯以外の家事）→④角形ピンチにバランスよく吊るして屋外に干す（天気をつねに気にしながら洗濯以外の家事）→⑤乾いた頃合いを見計らって取り込む→⑥畳んで、しまう。この一連の煩雑な「流れ」が洗濯なんです。

この流れすべてがボタンを押すだけでできますか？
そんなボタンがあるならくださいよって話です。

非シュフの人は、服を脱いで入れた「洗濯カゴ」→「収納ボックス」にきれいな服がしまってある、の間の「↓」まで全自動だと思ってるんですかね？「洗濯カゴ」→【ワープ】→「収納ボックス」。そんなわけないでしょう！

僕が大好きな浅田真央ちゃんの3回転ジャンプだって、その場でいきなり飛び上がって回るわけではありません。こまかなステップを踏んで、情感豊かなダンスがあって、そして華麗なスケーティングで勢いをつけて、そこではじめて３回転ジャンプにたどり着くんです。家事もフィギュアスケートも「流れ」が肝心。そう、ここでようやく冒頭の「３回転ジャンプ」につながるんです。スケートも洗濯槽も「回転」つながりですから！

＊　＊

ちなみに、洗濯のときに僕が「助かるなぁ」って思うお手伝いは、「脱いで丸まった靴下をそのまま洗濯カゴに入れずに、きちんと伸ばしてから入れておく」なのですが、うちの奥さんは「靴下やストッキングを逆さまに脱ぐ派（丸まったまま派）」なんだとか。何だそれ……。カゴから落ちて、洗い忘れたドーナツ状の靴下を前にしょんぼりする僕にとって、洗濯機の前はまさに「キスアンドクライ（Kiss and cry）」なのです。

シュフあるある　これはこれでアリなんだけど、でも、ここをこうやって畳むのが私の洗濯物の畳み方。

その**4**

お手伝いをしたのに怒られる……のには理由がある

せっかく手伝ってあげたのになんで怒られなきゃいけないんだよ……。

シュフである奥さんのために、よかれと思ってお手伝いしたつもりが、「あなたがやると二度手間になるからやめて！」「これなら手伝ってくれない方がましよ、……はぁ（ため息）」なんてリアクションをとられて、冒頭のようなセリフを心の中で叫んだ経験のある非シュフの男性は多いはず。こうした悲劇を避けるために、ここでは、お手伝いには「よいお手伝い」と「ダメなお手伝い」があるという話をしたいと思います。奥さんをガッカリさせる「ダメなお手伝い」というのはだいたい次の４つに分類できます。

①家事に流れがあることを理解していない
②派手な家事（＝ハデカジ）だけやろうとする
③自己満足
④恩着せがましい

非シュフのみなさんは胸に手を当てて考えてみてください。きっとひとつやふたつは身に覚えがあるんじゃないでしょうか。

①②は【その2】【その3】で具体的に説明したような家事の「流れ」を乱しちゃうパターンですね。料理で言えば、キッチンに立って包丁を振るうといった「ハデカジ」だけやって、調理器具や食器の洗い物といった、日の当たらない家事には目もくれない。三角コーナーや排水口の掃除なんて、そもそもそんな家事は存在しないかのように平然とスルーしてしまう、そんなお手伝いのことです。

また、お手伝いが終わったときに、「お手伝いをしてるオレってイケてるじゃん」って悦に入ってるようでしたら「ダメなお手伝い」③の臭いがプンプンしている危険信号です。

お手伝いというのはあくまでも、

シュフの「家事」をフォローする手段であり、
よきパートナーだという自己満足を得るのが目的ではありません。

シュフあるある
ゴミ箱のサイズにあったレジ袋を探しているのに、
アイスを買ったときにもらうような小さなサイズのものしか見つからない。

そして最後に④。どれだけ「よいお手伝い」をしたとしても「お手伝いして〝あげた〟」という言い回しを使った瞬間、あら不思議、あっという間に「ダメなお手伝い」になってしまうんですね。あ〜、怖い、怖い。「して〝あげた〟って何よ！　こっちは毎日ふつうにやってることなんですけど！」という主婦の声が今にも聞こえてきそうです。

それでは奥さんをニッコリさせる「よいお手伝い」とはどういうものなのでしょう。主夫芸人の僕が自信をもっておススメするのが「ちょい足し」お手伝いです。シュフがデザインした家事の「流れ」をけっして乱さず、かゆいところに手が届くように、ほんのちょっとだけさりげなく手を貸す、そんなお手伝いのことです。

具体例を挙げると、「食べたいものをはっきり伝える」「食べ終わった食器をシンクに運ぶ」「会社に行く前にゴミを出す」みたいなことです。さっきの「丸まった靴下を伸ばして洗濯カゴに入れる」もそうです。

「えっ!?　そんだけでいいの？　それのどこがお手伝いなの？」って思う非シュフの方が多いと思いますが、いいんです。

お手伝いの価値というのは
労力の大小で決まるものではないんですから！

＊　＊

ちなみに、「ちょい足し」のつもりで「足しすぎ」てしまうと発生するのが「『後片付け』の後片付け」。たとえば洗い物によってスポンジや洗剤を使い分けていることを知らず、油汚れ用のスポンジでグラスなんか洗われてしまうと、もう大変。食器を洗い直さなくてはならず、「『後片付け』の後片付け」という意味のわからない家事が発生してしまうのです。

これは洗濯物を取り込んでおくように頼んだだけのはずが、気を利かしたつもりで、畳んでタンスにしまった時にも起こる現象です。もちろんシュフには、畳みなおしてからの、しまいなおしという二度手間が待っています。

こういう事態を避けるためには、お手伝いを頼むシュフの側にも、「お皿を運ぶだけお願い」とか、「洗濯物を取り込んでくれるだけで助かるわ」といった具合に、手伝う範囲をきちんと指示する必要があるのです。

シュフあるある　シュフにとって「シングル」「ダブル」って言えば、ウィスキーじゃなくてトイレットペーパーのこと。

その5

中村シュフ認定、これが「三大お手伝い」だ！

世界の「三大珍味」といえばトリュフ・フォアグラ・キャビアです。「三大美人」といえばクレオパトラ・楊貴妃・うちの奥さん……じゃないや、小野小町ですよね。そして、主夫芸人・中村シュフが認定する家庭内「三大お手伝い」といえば！　といっても誰も知ってるわけないいんですけど、次の3つなんです。

★ゴミ出し
★座りション（＝座って用を足す）
★ありがとう

いずれもシュフが作り上げた家事の「流れ」を乱すことのない「ちょい足し」お手伝いに入りますが、ではなぜこの3つがとりわけ「三大お手伝い」になるのかをご説明します。

まずひとつ目の「ゴミ出し」。これはさまざまな家事のなかで唯一、例外的に「家事の流れに関係してこない家事」だといえます。いわばそれ単独で完結している家事。ゴミ袋をゴミ捨て場に出して終わり。それ以上でも以下でもなく、その後の家事のどこにも、何にも影響を及ぼしません。

ですから、家のなかの事情（＝流れ）なんて全然わからない非シュフのお父さんでも簡単にできて、なおかつ、『後片付け』の後片付け」が発生する危険性もまったくない、まさに完全無欠のお手伝いだといってよいでしょう。

次にふたつ目の「座りション」について。これは一見何も手伝っていないように見えながらじつはとても役にたっているという、不思議なお手伝いなんです。

汚れたトイレを掃除するという「対策」的なお手伝いではなく、そもそもトレイを汚さないという「予防」的なお手伝い。

「汚れたからキレイにする」ではなく「キレイに使って汚さない」です。

ふだんはあんまり意識しませんが、男性が立って用を足すのと座って用を足すのとでは明らかに汚れ方に差が出ます。座った方が圧倒的にトイレを汚さずに済みますし、汚れが少なければその分、掃除が簡単になってシュフは助かるということです。ただ座るだけでそれがお手伝いになり、そして感謝される。なんてお得なお手伝いなんでしょうか。

そして最後の3つ目は「ありがとう」です。家事っていうのは、やって当たり前、できて当たり前と思われがちで、毎日一生懸命やっていてもなかなか認めてもらえる機会がありません。

人間、なんだってモチベーションです。「ありがとう」ってひと言優しい言葉をかけられるだけで、どれだけシュフは嬉しいか。このひと言があるだけで、家事の効率は大きくアップするんです。「ありがとう」。まさに究極の「言葉のお手伝い」です。

＊　　　＊

以上、家庭内の「三大お手伝い」をご紹介しました。よーし、僕も将来「世界三大主夫」のひとりと呼ばれるように頑張るぞ！　ていうかあとのふたりはいったい誰になるのかな……。

from 中村シュフの
日刊『主夫の友』BLOG

-2012.04.04 WEDNESDAY-

♪ママ洗濯機　ママ洗濯機

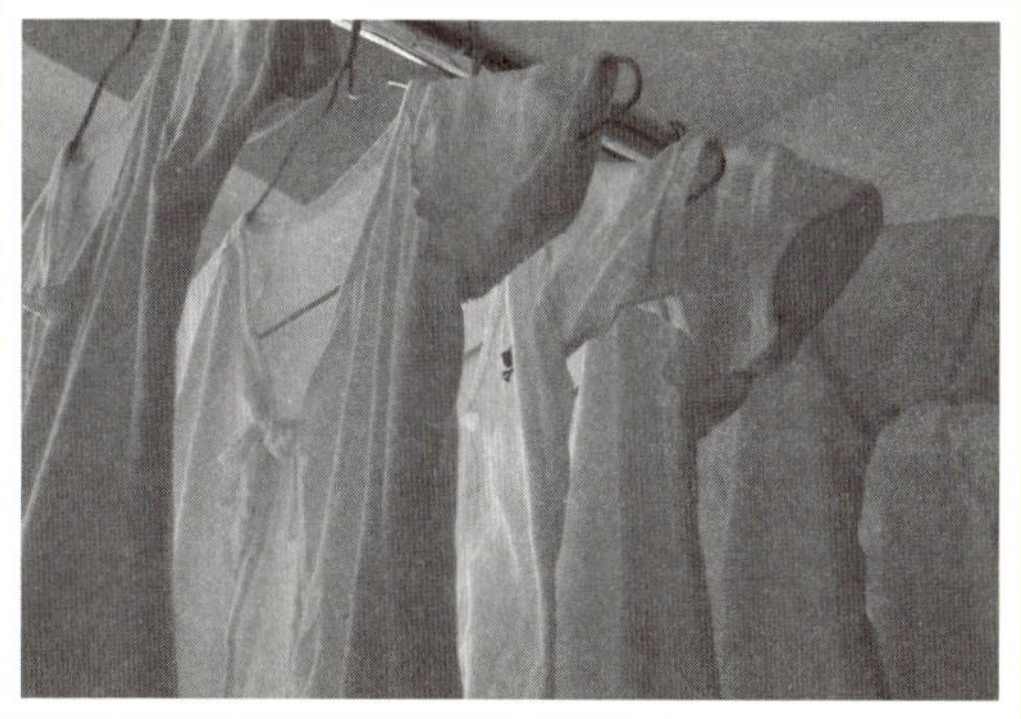

どちらかと言えば体も小さくなっちゃった気がする方、
中村シュフです。
洗濯機のなかから赤ちゃんの小さな服を取り出す。
服が小さいのはわかっているのに、なんか洗濯機が
小さくなっちゃったんじゃないかって錯覚する。
おもちゃの洗濯機になったみたいです。
ごめんください。

シュフあるある　キッチンにある給湯器からお風呂の追い焚きを設定できるのに、
心配だからお風呂場に行ってフタと水位を確認しちゃう。

その6

いまの時代、LINEを送るのだって家事のうち

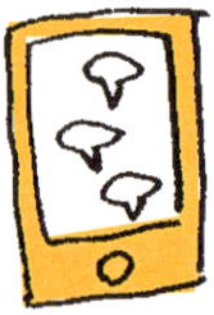

なんだかお手伝いの話がつづきましたが、それでは次に、そのお手伝いを必要としている「家事」の範囲はいったいどこまでなのかを考えてみましょう。

すぐに思い浮かぶのは料理・洗濯・掃除といったスタンダードなものでしょうか。

そして、次に思い浮かぶのが家計管理（家計簿をつける）、育児、介護など。新聞やテレビのニュースにも登場する機会が多く、名前が売れている割に、意外とその苦労が人目につきづらい家事ですね。

ここまでは大半の人が「家事」として認識している「範囲」でしょう。つまりわかりやすい家事。言い換えれば、お金を払えばある程度お手伝いさんやヘルパーさんに代わってもらえる家事です。

でもじつはですね、家事の「範囲」というのはここから先がややこしいのです。ほかの誰にもわかってもらうことのできない、いわばプライスレスな家事。

たとえば、仕事や学校への行き帰りに「今日も頑張ってね、いってらっしゃい♡」「お

かえりなさい、元気ないけど何かあったの？」などと家族に声をかけることも「家族とのつきあい（家族関係を良好に保つ・仲良くする）」という、広い意味での家事のひとつですが、これはいっしょに暮らしてる家族だからこそできる家事であり、お手伝いさんでは代わりが効きません。昔から「亭主元気で留守がいい」なんて言いますが、これなんかも、主婦が家事を通して「元気よく働くお父さん」を生産し、高度成長期を支えていたことのあらわれなんでしょうね。

さらに視点を家の外に移してみると、お隣さんへのあいさつや、ごみ集積所の清掃当番などといった、

いわゆる「ご近所とのつきあい」も家事に含まれます。

そして、もっと家から離れた範囲まで見てみると、スーパーでの買い物やクリーニング店の利用といった「企業とのつきあい」はもちろん、最終的にはゴミの分別（環境問題）、節電など「地球とのつきあい」だって家事の範囲内だと言えなくもない。家事の範囲って

シュフあるある　洗濯機が３回まわせたらステキな日。
１回目の洗濯物が乾いていたらもっとステキな日。

いうのは、それくらい広いんですよ。

しかも、その広い範囲に含まれるものは、時代によっても変わってきます。

典型的なのが「裁縫」。現在どれほどの人が、指先に穴があいてしまった靴下を捨てずに繕って使っているでしょうか。僕は比較的「裁縫」が好きなので奥さんの洋服の直しや娘のぬいぐるみの修理なんかを楽しくやっていますが、

かつてメジャー家事の一角を占めた「裁縫」は、確実にその地位を失いつつあります。

もちろん、新たに誕生する家事もあります。たとえば今ではすっかり市民権を得た自動お掃除ロボットなど、新しい家電とのつきあいです。「掃除」という家事の負担が軽くなった分、それらの保守管理・メンテナンスのために「説明書を読んで理解し、使いこなす」という家事が発生したわけです。これなんかは、典型的な家事の範囲の拡張にあたります。

そして、10年前と確実に変わってきているのは、

家事にもIT化の波が押し寄せてきているということです。

幼稚園の保護者会やPTAの連絡網でもメールやLINE（ライン）を使うケースが増えているようですから、ここで送る文面を考えてきちんと返信するのも、シュフにとってはけっこう気を使う大変な家事だと思います。また子どもの運動会などでも、写真やビデオによその家の子どもが映りこまないよう気を配ったり、ブログで使う写真に個人情報が特定されないよう注意するなど、いわゆるネットまわりのリテラシーが否応なしに問われる時代になっているのです。

＊　＊

いやぁ、自分で書いていてなんですがシュフにとってはほんとうに大変な時代になりました……。でも、どれだけ「家事の範囲」が広がり、そして複雑になったとしても、いちばん得意な家事は「料理」でも「掃除」でもなく、「妻と娘を笑顔にして仲良く過ごすこと」でありたいと思います。

シュフあるある　厚手のトレーナーが1日ですっかり乾いて思わず小躍り。

その7

「ついで家事」は、学校では教えてくれない必須科目

シュフ業は複合的、かつ重層的である。
なんて書くとかっこいいけど、まぁ要するに

シュフ業というのは、毎日毎日、たくさんの家事が同時にごちゃごちゃと、しかも終わりなく繰り返し押し寄せてくる、

そういう仕事なんです。しかも【その6】で見たように、家事の内容もどんどん進化していますからなかなか収拾がつかない。

たとえば、朝ご飯を作って、子どもに食べさせて歯磨きをして、洗濯機を回している間に近所のスーパーに買い出しに行って帰ってきたら、もうお昼ご飯の準備。こんな感じでシュフの1日はあっという間に終わってしまいます。しかも、1日は24時間と決まっていますから、うまいこと時間配分してさまざまな家事をクリアしていかなければいけません。

しかも、1日の家事というのは料理、洗濯、掃除、育児……が同時にごちゃごちゃあるわけなので、時間を上手に使うことができないともうひっちゃかめっちゃかになってしまうのです。

そこでシュフが編み出したのが「ついで家事」という戦法です。

洗濯の例を挙げると、洗濯機にお風呂のお湯取りする「ついで」に風呂場の掃除を済ませちゃうとか、洗濯物を干す「ついで」にベランダの掃除をしちゃうとか、そんなようなことです。

それではここで、あなたの「ついで家事」力をチェックしてみましょう。

Q・あなたは今、リビングのソファに座っています。これから、「外に干してある洗濯物を室内に取り込む」というひとつの家事をする間に、いったいいくつの「ついで家事」ができるでしょう？

A・正解は、①ソファから立ったついでに新聞や雑誌をキレイにまとめてテーブルに置く　②加湿器のそばを通ったついでに給水する　③子ども部屋を横切るついでに散らかったオモチャを片付ける　④本棚の前を通過するついでに本の配置を少し整理して　⑤お絵描

シュフあるある
必要なときに輪ゴムってないのよね。
袋の口とか家電のコードとかをまとめる小さい針金も。

きしている娘と遭遇したついでに「上手になったねー」って声掛けして　⑥ドアを開けるついでに防犯について思いを馳せて　⑦外に出たついでに新鮮な空気を吸って四季を感じたりして　⑧家族みんなの洗濯物の乾き具合をチェックするついでに幸せを感じる。

いかがですか。後半は強引でしたが、「ついで」にできる家事はこんなにたくさんあるんですよ！

ほかにも「ついで」が応用できる家事はたくさんあります。駅前のスーパーに買い物に出た「ついで」に銀行の用事を済ませちゃうとか、歯磨きした「ついで」に洗面所の鏡をキレイにしちゃうとか、子どものお洋服を着替えさせる「ついで」にコチョコチョしてスキンシップしちゃうとか……。いずれにしても、

ひとつの家事の行程を、ひとつの家事だけで終わらせない。

これこそがシュフにとって、破綻なく家事をこなすための必須科目だと言っていいでしょう。

＊　＊

じつは我が家では、「ついで家事」には縁がないはずの奥さんの方が、僕よりも「ついで」を多用しています。

食事どきであれば、娘がご飯をこぼしてしまったのでティッシュを取ろうと思って僕が立ち上がると、「立ったついでにフリカケとってきて」となります。それで、今度はフリカケをとりにキッチンに行くと、「キッチンに行ったついでに、流し台に置いてある娘の歯ブラシを洗面所に片付けといて」となる。仕方ないから、歯ブラシを持って洗面に行くと、リビングから大きな声で「洗面所に行ったついでにさっき出しておいた汚れモノを洗濯しちゃってよ」ってこのままいくと、ついでに「墓参り」ぐらいまでさせられそうないきおいです……。

シュフあるある　乾いた洗濯物に付着しているかもしれない黄砂をはらっていたら、勢い余って洗濯物が下に落ちて、逆に泥だらけ。

その8

家事の「連鎖」がハマるとけっこう快感です

スマホでできるパズルゲームが人気です。

画面の上の方から落ちてくる色んな形のブロックを、すき間なくピッタリとハメて消していくみたいな昔ながらのゲームが、世界中で今も多くの人を楽しませているようです。

電車のなかでもやっている人をよく見かけますが、色や形がピッタリとハマる快感っていうのは、やっぱり人間の本質的な感覚なんでしょうね。

悲しいかな、日々、雑事に追われているシュフには、そんなパズルゲームを楽しむ時間はとてもじゃないけどありませんが、でもその代わりに、シュフは日常の家事のなかで、ゲーム以上の「ピッタリ」感を味わっていたりするんですよ。

たとえば洗濯。

シャツにタオルにシーツに靴下、それがおのおの、男モノ、女モノに子どものモノと、じつにさまざまな大きさや形状のものを干さなくてはならないのが洗濯の難しいところであり、また、腕の見せどころでもあります。

なるべく洗濯物どうしの重なりを少なく、そして風通しの良いように干さなくてはならない一方、マンション暮らしであれば、当然干せる場所にも制限がありますから、限られた物干しピンチにすべての洗濯物が収まらなくてはならないわけです。これってまさに、高度なパズル脳を要求される作業なんです。

ですから、これらの洗濯物を、全体の量と種類を見ながら次々と物干しピンチにかけていき、最終的にその物干しピンチにすべての洗濯物が「ピッタリ」と収まり、そしてそのハンガーが左右バランスよく干せたりなんかすると、思わず小躍りしたくなるんですね。

よっしゃあ！

そして、料理でも。

冷蔵庫の余り物をうまく使い切って夕飯のおかずが作れて、さらに、そのおかずが出来上がったと同時に炊飯器から「ピピピピ」って炊き上がりを知らせる音が聞こえきて、そしてさらに、家族がテーブルに着くあいだに使った調理器具をちゃちゃっと洗って、それが水切りラックにいい感じに並べられたりすると、

シュフあるある　炊飯器のスイッチを押し忘れていたときの絶望感。

それはもう、パズルゲームでいうところの「連鎖」が決まったような喜びなんです。

それぞれの家事における「ピッタリ」感を積み重ね、1日の時間をうまくやりくりする「ピッタリ感」へと繋げていく。シュフの日常というのは、まさに「パズドラ」、じゃなくて「家事ドラ」なんですね。

＊　＊

この「ピッタリ感」は難易度は高めですがとても面白いですし、「ついで家事」と並んでシュフならではの達成感を味わえる、とてもやり甲斐のある目標だと思います。ほんとは、洗濯物とか洗い物が「ピッタリ」いったときに、パズルゲームみたいに消えてなくなってくれたらもっといいんだけどなー。

from 中村シュフの
日刊
『主夫の友』
BLOG

-2013.11.19 TUESDAY-

父の背中を見て子は育つ

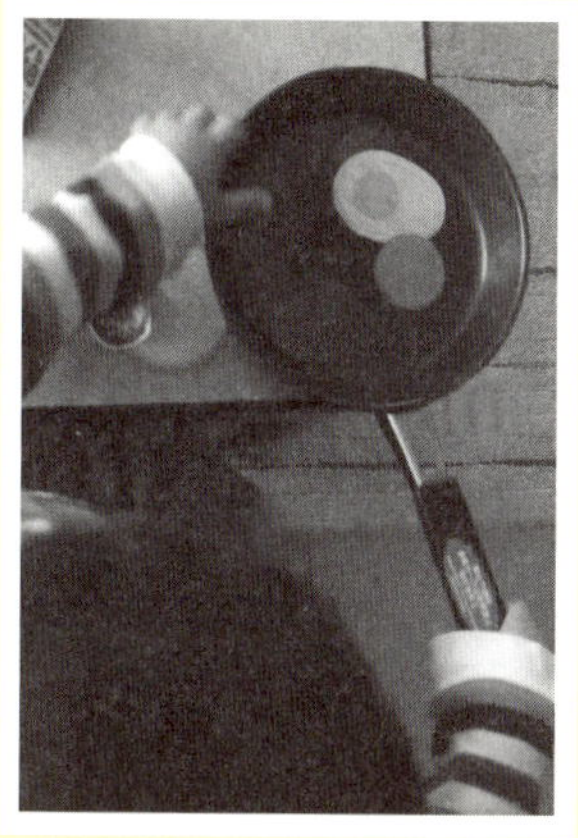

どちらかと言えば早くいっしょにキッチンに立ちたい方、
中村シュフです。
赤ちゃんがママゴトに夢中です。キッチン下の収納から調味料を出して鍋に入れるマネ、お米を研いで
水を捨てるマネ、遊んだ後におもちゃの食器をシンクに
運ぶマネ。うんうん。主夫の背中を見て育っております。
ごめんください。

シュフあるある　なかなか吸い込まない髪の毛みたいなゴミがあるかと思えば、キッチンマットは吸い付き過ぎて全然離れない。なにこれ。

その9

敢えて言おう、「シュフはデザイナーである」と

僕は幼稚園の卒園文集で「将来なりたいもの」みたいな欄に「コメディアン」って書いていました。芸人ではなく、コメディアン。ちょっと気恥ずかしいですね。

で、僕のことは置いとくとして、子どもの憧れの職業ランキングみたいなのを目にする機会がときどきありますけど、今の子どもたちに人気の職業と言えば、男子ならサッカー選手、電車の運転手、警察官、女子ならケーキ屋さん、幼稚園の先生、アイドル歌手あたりでしょうかね。詳細はよくわかりませんが、ひとつだけはっきりしているのは、

子どもがなりたい職業には、主婦も主夫もランクインしていない

ということです。

それと、僕が子どものころにはあまり出てきませんでしたが、最近では女子のなりたい

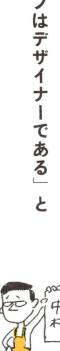

職業のひとつに「デザイナー」なんていうのがあるみたいです。コメディアンに比べると、たしかに華々しくてカッコイイ。でもですね、「デザイン」っていう言葉は、じつはシュフにとってすごく身近な言葉なんです。どういうことかって？　試しに手元の辞書で「デザイン」っていう語を調べてみましょう。ざっくり意訳すると次のような感じです。

【デザイン】

①建築や美術、服飾などで用途を考えながら作品を意匠すること。

これはズバリ、花形職業そのものですね。「ファッションデザイナー」とか「グラフィックデザイナー」とか、最近の女子の憧れのイメージに近い。

②図案とか模様を考えること。

どっちかというと、①よりも芸術家とか職人とか、そんなノリでしょうか。

③目的をイメージして具体的に立案・設計すること。

あれっ。これって、なんか……。そう、われわれシュフが日常の家事でいつもやってることじゃないですかっ！

シュフ あるある　すべてのお店のレシートのサイズが統一されるのが夢。だって整理が楽チンになるでしょ。

そうです。シュフというのは
「家事デザイナー」だったんです。

ほかの「〇〇デザイナー」と比べるとわかりやすいと思います。

たとえば、お部屋や店舗などをイメージや予算に合わせてデザインする「空間デザイナー」というお仕事があります。

クライアントである飲食店から、「若い女性客を意識して、リラックスできる店舗にしたいんですよ」みたいなオーダーがあったとします。すると「空間デザイナー」は考えます。〈若い女性客を取り込むには癒やしの要素が必要〉↓〈癒やしといえば人気なのは、やっぱり神の国・バリでしょう〉↓〈ということはバリのリゾート風にすれば間違いない！〉ってな具合でしょうか。

そして今度は、バリのリゾート風にするために、カーテンの色、家具選びと配置、照明の有無などの細部を詰めていきつつ全体をまとめていくわけです。

ほら。これってシュフが取り組む1日の家事の組み立てと、基本的には同じ考え方じゃないですか。

午前中は早めに掃除と洗濯を済ませてしまい、空いた時間を使って午後には新しくできたスーパーに行ってみよう……。こんなぐあいに、限られた時間とさまざまな制約のなかで必要な家事を配置し、素敵な1日をポジティブに演出していく。そう、一つひとつの家事を「義務」でなく「権利」としてとらえ、その「権利」を行使する楽しさに気づいた瞬間から、シュフは立派な「家事デザイナー」になるのです。

そして、そうした日々のデザインを積み重ねることで充実した人生までもデザインすることができるわけですし、さらには、家族というクライアントに快適な毎日を提案することにもつながる。こんなに素敵な「デザイナー」なんてほかにないですよ、ほんと。

*　*

憧れの職業の話に戻りますけど、イメージって大事じゃないですか。だから、いっそシュフも「ハウスワークデザイナー」とかいう名称にしてみたら、意外と人気職業ランキングに入ってくるんじゃないかなー、なんて思います。

シュフあるある　床の上に服がまとめて脱ぎっぱなしになっていると「メルモちゃん」を思い出す。

その10

部屋が片付かない原因は「思い出」と「可能性」

それぞれの「流れ」をもつ家事。それらの家事をときに組み合わせ、ときに連鎖させながら、統合していくのがシュフ業だということがだいぶおわかりいただけたと思いますが、そんなシュフ業のなかでも厄介な部類に入るのが「片付け」。

なぜなら、そこには必ず「片付けるシュフ」と「片付けられない非シュフ」の攻防があるからです。

かくいう我が家でも、非シュフである奥さんは片付け方が下手……じゃなくて個性的。ですから必然的に、奥さんの身の回りのあれこれを見つけるのも、シュフである僕の重要なお仕事となります。正直、「またかよ」って思うこともあるけど、「使ったらちゃんと元の場所に戻しといてよね！」っていう言い方をするとケンカになってしまうので、「宝探しみたいで楽しいね！」っていうことにして乗り切っています。

こうしたどこの家庭でも見られる光景があるからこそ、テレビや雑誌の「簡単お部屋片付け術」的な企画が、いつまでも人気なんでしょうね。

で、僕も仕事柄といいますか、その手の特集は好きなものでよく参考にするんですが、その中身はだいたい次のような方法論に落ち着くのではないかと思います。

①片付けたい部屋や場所の荷物を、一度すべて出して広げてみる

②必要なものと不要なものを分類し、不要なものは処分する

③必要な荷物を、使用する際の効率を考えて収納する

このなかでネックになるのが②の行程。「初めてのお給料で買った思い出の品だから」とか「今は無理だけどいつか着るかもしれないから」とか理由はさまざまですが、結局いつも、「不要なものはない」っていう結論になっちゃう人。みなさんのまわりにも多いいますよね。明らかに不要なものでも、そういう人にとっては、

すべてのモノに「思い出」という過去と、
「可能性」という未来が詰まっているんです。

シュフあるある　ゴム手袋を着けているときにかかってくる電話は最悪。

気持ちはわかりますよ。わかりますけど、それじゃあ片付かないんです。

僕個人は荷物がとても少ないですが、それはとくに片付けが上手いわけではなく、単に、奥さんの片付け方が下手……じゃないや、独創的なために荷物が必要以上にかさばってしまい、結果的に僕に与えられた収納スペースがちょこっとしかないからなんです。これはごく当たり前の理屈で、スペースが少なくなったら、荷物を減らすしかないんです。でもそういう風に考えない人もなかにはいます。収納するスペースが足りなくなったんなら、タンスとか収納ボックスを買えばいいじゃん——。いえいえ、それでは明らかに何も解決しません。収納スペースが増えれば、その分、生活スペースが狭くなるわけですから、究極のところ、「片付け術」の唯一最大のポイントは、いかにモノを減らすか、この一点に尽きるわけです。そして、そのために必要なのは具体的な「片付け術」ではなく、「片付けたい欲を高める術」なのです。以下、我が家の実践例をご紹介いたします。

その1・ショールーム見学に行く。

まずはゴールイメージをもってもらうことが大切。キレイでお洒落なショールームを見学することで、「ああ、こんな部屋に住みたいなぁ」という思いが生まれれば、まずは片付けのための第一歩を踏み出したと言っていいでしょう。

その2・自分の分だけ片付ける。

山本五十六の名言「やってみせ、言って聞かせて、させてみせ」じゃありませんが、まずは自分のスペースの片付けをやってみせるのも有効ですね。自分の持ち場だけでもスッキリと片付けて快適な「隣の芝生」を見せつけることで、片付いていないスペースがいかにストレスに満ちているかを感じさせるわけです。

＊　＊

ただ、「片付けはあくまで手段であって、目的ではない」ってことを忘れちゃいけません。日々の暮らしを気持ちいいものにするための片付けをやり過ぎて、逆に家のなかの空気がギスギスしちゃったらそれこそバカみたいですからね。

さぁ、今日もどこでどんな宝物が見つかるのか楽しみ。宝物を隠しておいてくれる奥さんに感謝！　……くらいの心の余裕を忘れないようにしよっと。

シュフあるある　小回りのきく操作性能の高い掃除機でも、床にものがたくさん置いてあると力を発揮できない。

その11

シュフを救うのは「まぁいいか」という名の柔軟性

1998年の初演から、現在も〝無期限ロングラン上演中〟のミュージカルといえば、ご存知『ライオンキング』。名門『劇団四季』が誇るこの演目は、壮大なストーリーに豪華な舞台装置、独創的な衣装が見る者を魅了します。

さらに、2014年に国内通算公演回数9千回を達成して以降も、日本における最長連続上演記録を日々更新しつづけているといいますから、まさにスゴイのひと言。

しかし、この『ライオンキング』にも負けないロングラン公演中のものがあります。

そう、それは『劇団家族』による『終わりなき日常』という演目です。平凡なストーリーに生活感のある家具、ユニクロの普段着が見る者に「普通〜」って言わせます。

そうです、繰り返される日常と、そこに生じる家事にはけっして終わりがありません。

しかもケガや病気になった場合の代役やダブルキャストも用意されていません。ですから、もちろん家事に手を抜かない姿勢は正しいのですが、代役のきかない無期限ロングラン公演をつとめあげることを考えたら、そのペース配分がとても大事になってくるわけで

す。すべての家事をフルパワーでこなしていたら必ず、体や心が悲鳴をあげてしまいます。これは非常によろしくないですよね。ていうか、大きな矛盾がある。

というのも家事というのは、そもそも家族が日々の生活を健康で快適に過ごすための仕事のはずなのに、その家事を一生懸命やりすぎることで、家族の一員であるシュフ自身が不快で不健康になってしまっては、本末転倒だからです。忘れがちだけど、「家族」のなかには、家事を主に担当しているシュフも当然含まれているんです。

そこで、こうした終わりなき「家事スパイラル」に押しつぶされてしまわないためにシュフが身につけなければならないのが「まぁいいか」精神です。曰く、

今日のお掃除はこれくらいで〈まぁいいか〉
割高だけど夕飯はコンビニ弁当で〈まぁいいか〉
〈まぁいいか〉たまにはゴロゴロしちゃお

ってな感じです。これは手ぬきでも、さぼりでもなく、「家事スパイラル」を攻略するた

シュフあるある　爪を切ってしまったあとに限って、爪の先っちょを使う家事に出くわす。

めの立派な戦術なのです。次から次へと襲いかかってきて、立ち止まることを許してくれない家事につぶされないためには、この〈まぁいいか〉精神が不可欠なんです！

たとえば、「洗濯しようとしたら雨が降ってきちゃった！」↓「〈まぁいいか〉、洗濯は明日にして今日は録画してたビデオ見よっ」とか。あるいは、「買い出しに行こうと思ったのに、実家から大量のジャガイモが届いちゃった」↓「〈まぁいいか〉、メニューを変更して、ポテサラ、じゃがバター、肉じゃがも作って、いっそポテトパーティーにしちゃいましょ！」とか。〈まぁいいか〉精神があればこそ、こんなぐあいにアドリブを利かせて臨機応変に対応できるわけです。

＊　＊

と、「シュフには休みがない」的なことを言いながらも、「自分のデザインした家事の流れを完璧にこなせて、引き継ぎもスムースにできるコピーロボットさえあれば〈まぁいいか〉とか関係なく、シュフも心置きなく休みが取れるのになぁ」なんて大まじめに考えている最近の中村シェフなのでした。

あっ！　間違って中村「シェフ」って書いちゃった……けど〈まぁいいか〉。

from 中村シュフの
日刊『主夫の友』BLOG

-2013.06.06 THURSDAY-

新しい遊び方

どちらかと言えばトランプが苦手な方、

中村シュフです。

赤ちゃんがばら撒いて、僕が拾い集めて、再び赤ちゃんがばら撒くっていうトランプのゲームありましたっけ？

ごめんください。

シュフあるある
カーテンを洗ってカーテンレールに吊るして干すと、
部屋の中が全部いい匂いになっていい気分。

その
12

シュフはもともと特別なオンリーワン

テレビや雑誌には、「カリスマ主婦」なる人々がよく登場します。「カリスマ美容師」とか「カリスマ店長」とか「カリスマモデル」とか……、まあ、なんかそういった類のあれです。「時短料理」や「節約術」といった実用的なスキルに特化したカリスマもいれば、そういう具体的な家事ではなく、ライフスタイルそのものが憧れの対象となるようなアバウトなカリスマもいます。

ちなみに僕が「カリスマ主婦」と聞いてイメージするのはですね、

肩紐が片方だけのオシャレエプロンをして、
北欧の家具に囲まれながらハーブを育てていて、
中学生と小学生という比較的大きな子どもがいるにもかかわらず
若作りではない年相応の美しさと品がある……

といった感じです。なんかいいですよね、こういうの。

さて、そんな僕の妄想はどうでもいいんですが、僕はこの「カリスマ主婦」っていうのがなかなかのクセ者だと思っているわけです。

というのも、【カリスマ性】っていうのは、「人々の心を引きつける強い魅力があること。多くの人から支持されること」（デジタル大辞泉）という意味なんですよね。つまり、テレビや雑誌に登場する「カリスマ主婦」っていうのは、みんなの憧れの対象であり、見習うべき素晴らしいモデルという位置付けになっているわけです。

これはじつはシュフという仕事の根本と矛盾するんです。家事というのは、本来、その家々の事情によって細かくカスタマイズされる性質のものですから、

どこの家庭でも通用する家事のやり方なんてないんです。

カリスマ主婦のやり方だって、

単に、カリスマ主婦の家庭での正解にすぎません。

シュフあるある　水切りラックに洗った食器がピッタリおさまると気分がいい。

このことを誤解してしまうと、メディアで盛んに紹介される「カリスマ流」のスタイルに近づこうと、頑張って無理しちゃうシュフが生まれてしまうんです。その結果どうなるかというと、シュフ自身はもちろん、その家族もしんどい思いをしてしまう。これはとても悲しいことです。

似たようなことは「良妻賢母」や「憧れの母親」といった、いわゆる〝いい母〟像の呪縛にも言えるでしょう。

こういったイメージにとらわれすぎることで「私はダメなシュフなのでは……」という、悩まなくてもいい悩みにハマってしまうのです。

大事なことなので二度言いますが、家事には「決まった正解」なんてないんです。カリスマが実践している生活だけが正解じゃないんです。

それぞれの家庭において、家族構成・経済状況・非シュフの家事スキルなど、前提になってくる条件はそれぞれバラバラに決まっているわけで、まったく同じ状況の家族なんてこの世には存在しません。それぞれの家庭の状況を把握しながら、それぞれの家庭の状況に合わせた家事のスタイルこそが、その家庭における家事の「正解」なんです。言い換えれば、

一人ひとりのシュフはもれなく、それぞれの家庭における「カリスマ」なんです。

失敗してもいいんです。欠点だらけでもいいんです。それも全部引っくるめた家事が、その家の「正解」なんですから。ぜひ、シュフのみなさんは自信持っちゃってください。そして、非シュフのみなさんは、我が家の「カリスマシュフ」を誇りに思ってください。

＊　＊

以上、散々「カリスマ」批判をしておきながらあれですが、ほんとは僕も「カリスマ主夫」芸人って呼ばれるように頑張らなくちゃいけないのかなー……、なんてね。

シュフあるある
夕飯に何を食べたいか聞いたときに、「なんでもいいよ」って言われるのがいちばん困る。

第二章

主夫になってはじめてわかった「育児」のこと

その1

新たな生命が生まれる日＝「育児」という家事が始まる日

朝、6時半に起床。奥さんの陣痛が始まったっぽい。30秒くらいのお腹の痛みの後、15分くらい痛みが和らぐ。そしてまた痛みが訪れ、すぐに去っていく。その繰り返し。痛みの波が去った隙に朝食をとってもらう。トーストに味噌汁、温野菜のサラダ、バナナ、リンゴ。

奥さんが楽だという体勢をその都度とらせてあげながら、僕は事前に済ませておいた入院準備を再び確認する。診察券、パジャマや下着、アメニティグッズなどをまとめ、タクシーをすぐに呼べるように携帯の電話帳を開いておく。

もしこのまま入院になると半日、いや、場合によってはお産にそれ以上の時間がかかるかも知れないので、栄養補給用の食べ物の買い出しへと向かう。奥さんの身を案じながら、パン、ウィダーインゼリー、バナナ、おにぎり用のふりかけなどを買って足早に家に帰ると、当人は韓国ドラマを見ながら寛いでいる。買い物袋を両手に息を切らせて帰ってきた僕に対して、申し訳なさそうに「陣痛がどっかいったっぽいって噂……」とかなんとか言っている。

奥さんの様子を気にしつつ洗濯機を回し、そして、昼食の準備。

昼食はご飯にふりかけ、シメジとピーマンと人参と豚肉の炒め物、味噌汁、温野菜のサラダ、リンゴ。奥さんはご飯を2回もおかわりし、昼寝。

「これは本当に勇み足だったかもな」と思いかけた矢先、再びお腹の痛みで苦しみだす奥さん。僕は奥さんに声をかけながら、病院で食べる用のおにぎりを握って、お菓子の空き箱に詰めていく。

こんな大変なときなのに、俵型に握ったおにぎりの数と、
いつか使うだろうってとっておいた箱のサイズがピッタリあって、
ひとり喜んでしまう。

気持ちを落ち着けようと洗濯物を畳む。「明日は病院が休みだから、今すぐ行った方がいいのかな。それとも陣痛の間隔が短くなるまでもう少し様子をみようかな。でも動ける

シュフあるある　乳母車、ベビーカー、バギー……呼び方で年代がわかる。

うちじゃないと逆にまずいのかもな……」ってソワソワと自問自答を繰り返すばかりで、病院に向かうタイミングを判断しあぐねる。

痛みを感じる時間が長くなってきた奥さんと相談する時間だけが無駄に過ぎていき、いつの間にか時計の針は夕方6時を指していた。妙な沈黙に耐え切れず、「大丈夫」って声をかけると、「大丈夫なわけないい!!」って本気で怒られる。

そりゃそうだよね、気の利いた言葉をかけられなくてごめんよ。

しかし、この奥さんの大声をキッカケにして、お互いどうやら本格的に出産スイッチが入ったみたいだった。奥さんは腕時計とキッチンタイマーを組み合わせて陣痛の時間を計測し、メモを取り始めた。僕は荷物を玄関に用意し、奥さんをリラックスさせるためのバカ話に精を出す。晩ご飯を作って、バカ話をし、少し動きたいという奥さんに肩を貸して、部屋のなかを電車ごっこみたいに歩き、そしてまたバカ話をして時間を過ごす。

出産準備の本に書いてあるように、出産が近づくとお尻のあたりが痛くなるみたいで、しきりに押すように頼まれる。俗に言う「いきみ逃し」だ。「テニスボールを使って押すといい」らしいので、手頃な大きさの物を探すがなかなか適当なのが見当たらない。

結局、大道芸で使うカラフルなジャグリングボールでお尻を押すことに。ふたりで笑う。

夜7時すぎ、いよいよ自力では動けない状態となり、タクシーで病院へ向かう。8時病院着。奥さんの着替えを手伝ってから、持ち込んだ入院グッズを整理し、先生の診察を受ける。あとは奥さんの手を握りながら、じっとそのときを待つ……。

時計の針が深夜の2時45分を差した。いよいよ分娩室へ移動。

僕は不織布みたいなガウンとマスクを身に付け、手を洗ってから分娩室へ入る。奥さんは覚悟を決めたのか、分娩台の上で落ち着きを取り戻したように見えた。かたわらで待機すること1時間ほど。奥さんがお尻の痛みを訴える。いよいよのサインだ。

ナースコールでふたりの助産師さんが駆けつける。破水を確認する。陣痛に合わせて呼吸を整え、いきむ練習。鼻から吸って息を止め、お尻に力をいれて苦しくなったら吐く。陣痛が来た頃合いを見計らってこれを3セットくらい繰り返し、呼吸を整え次の陣痛を待つ。

片方の助産師さんが「いきみ方がうまいですよー」って優しく声をかけてくれるのと対

シュフあるある　ベビーカーに乗せた赤ちゃんを心地よく眠らせるために、あえてちょっとしたデコボコ道を探す。

照的に、もうひとりの助産師さんが「苦しいならもう一度力をいれな！」とスパルタ感を漂わせる。あえての「アメとムチ」体制なのかなと、ふと思う。ムチ担当の人が飛ばす檄が奥さんのいきむ原動力となり、お産が進んでいく。奥さんは片手にミニタオル、片手にお守りを握っている。そして僕はその手を上から握っている。

明け方の4時半、先生が呼ばれるとクライマックス感が全開に。

少し手こずる先生を見て、奥さんはちょっとドキドキしているみたいだった。僕は声掛けと汗拭き、そしてうちわであおぐお手伝い。助産師さんのひとりと僕で奥さんの足を支え、先生が赤ちゃんを引き出す。富士登山の経験もある奥さんは「高山病より辛い」と訴える。痛みよりも息苦しさの方が大変だったそうだ。そして、何回目かの引き出しで赤ちゃんの頭が出て無事に出産。

早朝、4時45分出産。体重3044グラム、身長50㎝。シワシワ・どろどろ・まさおまさお（僕の父の正男《まさお》に顔が似ているというオノマトペ）した赤ちゃんだった。

ひとしきり写真を撮ると、あっという間にふだんの感じに戻る奥さんと僕。とても不思議な感覚だった。とても元気に泣き出す赤ちゃんに向かって、「赤ちゃんは泣くのが仕事だもんね～」みたいなベタな母親セリフを言ってる奥さん。「お腹のなかだと声が聞こえなかったから」と、さっきまでの形相がまるで嘘みたいに柔らかい表情に。

分娩室から先生や助産師さんが出ていくと初家族水入らず。幸せ。

いったん赤ちゃんを助産師さんに預け、奥さんと僕は入院部屋へ移動。荷物整理と両親への連絡などを済ませたところで奥さんの朝食が運ばれてきた。

とても豪華な朝食。
奥さんが自宅から少し遠い
この病院を選んだ理由が、今わかりました。

ベットに横になりながら「美味しい、美味しい」って食べている。間違いなく母体は健康みたいだ。

出生届を出すまでにはまだ2週間も猶予があるのに、「名前も決まってるんだし、私は入院してるんだし、いつもより家事もすることないでしょ」と奥さんに言われて、病院から直接区役所に行くようにうながされる。区役所では係の人に「今朝生まれて、今きたんですか」と驚かれながらも無事に出生届を提出。ついでに赤ちゃんの乳児医療証も作って帰宅する。

家に帰った僕は少しだけぼーっとしてから、途中だった洗濯物のつづきにとりかかる。いつものように「ピッ」と洗濯機のスタートボタンを押し、奥さんが家にいない状態の「ふつうの主夫」に戻っていく。

＊　＊

こうして中村家のはじめての出産は終わり、シュフの仕事としてはあらたに「育児」という項目が追加されることになりました。出産の感動も冷めやらぬうちにあれですが、主夫・中村シュフにとっては、これから怒涛の育児生活という現実が始まることになるわけです。

そう、身も蓋もありませんが、

子どもが生まれたということは、シュフにとって「育児」という新たな家事が生まれた、ということでもあるのです。

from 中村シュフの 日刊『主夫の友』BLOG

-2012.03.28 WEDNESDAY-

誕生日が生まれた日

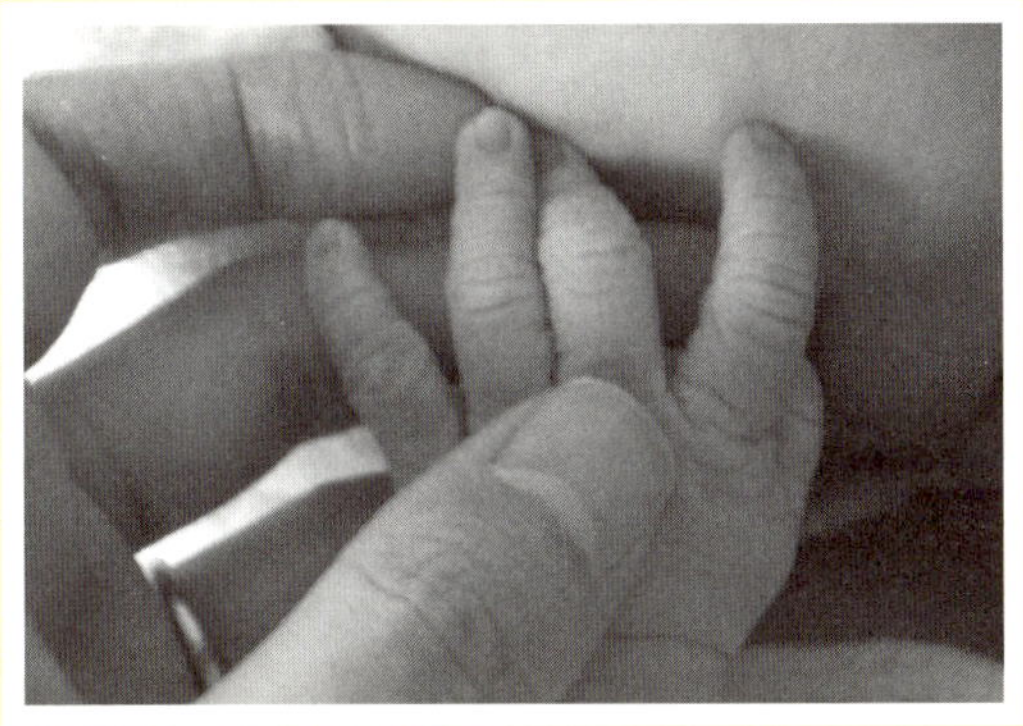

どちらかと言えば「パパ」より

「お父さん」がいい方、中村シュフです。

中村シュフが中村パパになりました。

シュフでありパパなのです。

奥さんと赤ちゃんに「ありがとう」。

ごめんください。

シュフあるある 臍の緒を入れておく小さな木箱。「どこで売っているのかわからない箱」は「どこにしまっておいたらいいのかわからない箱」でもある。

その2

育児は失敗を避けようがない「イレギュラー家事」

前章の「家事のこと」で見てきたことの繰り返しになりますが、家事というのは、文字通り「家の事」全般にわたります。料理、洗濯、掃除といった定番の「家の中」の仕事から、冠婚葬祭や役所での諸手続き、あるいはご近所づきあいのような「家の外」での調整ごとまで幅広く含まれています。

そしてまた、くどいようですが家事には流れがあります。

洗濯機を回しているあいだに掃除機をかけておき、その洗濯物を干しているあいだに買い物を済ませて、帰ってきたところで乾いた洗濯物を取り込んで……みたいな複数の家事の流れもあれば、「調理」というひとつの家事の中でも、お米を炊いているあいだに煮物の仕込みを済ませ、一方でグリルに入った焼き魚の様子を見ながら、手早く洗い物を済ませて、盛り付けるお皿を用意する……みたいな流れもあるわけです。

いずれにせよシュフが家事をそつなく切り盛りするためには、

家事の「流れ」をなるべく損なわないよう、計算外の要素を排除しておく必要があるのです。

そのためにはまず、一つひとつの家事を繰り返すことでリズムや型を作る必要があります。そうすることで家事の流れが予測可能なものになり、1日の計画や見通しが立ちやすくなります。そこではじめて、不測の事態にも対応できるようになるのです。

しかしながら、

どうやっても「不測の事態」が避けて通れない「家事」もあります。それが「育児」なのです。

もちろん「育児」だって家事の一要素なのですが、いかんせん相手は人間、それも勝手のわからない赤ちゃん相手ですから、不測の事態を避けようがないわけです。つまり育児はそもそもが「イレギュラー家事」なんです。

シュフあるある　病院の待合室にオモチャや絵本が充実しているとホッとする。

だから、ほとんどの家事は日々繰り返し行うことで、効率のよいやり方や流れをある程度デザインできるのに対して、育児だけはそれができません。赤ちゃんは毎日すごい勢いで成長し変化するうえ、予想をこえるハプニング満載の存在。まさに「動くイレギュラー」。

育児は初めから失敗することが宿命づけられた家事なんです。

つい忘れがちなんですけど、このことを理解しておくのはとても重要なんですよ。よく「育児ノイローゼ」とか「育児ストレス」なんて言葉を聞きますけど、そういうのって意外とまじめな人に多いんじゃないかと思うんです。まじめだから、上手くいかないと自分を責めてしまい、必要以上にストレスを感じちゃう。そして、場合によっては痛ましい事件につながることだってあるんです。

でもね、育児っていうのは、誰がやっても失敗だらけなんですよ。イレギュラーなバウンドの内野ゴロは、取れなくても気にする必要ないんです。だってそんなゴロは誰にも捕れないし、エラーとは記録されないんだから。

それに、想像してみてください、予定調和で何の失敗もない育児を。そりゃあ、ストレスもなく心安らかに毎日が送れていいかも知れないけど、そんなの全然面白くないですよ。攻略本見ながらゲームをクリアするのとどこが違うんだって話ですよ。むしろ育児は、効率を追求するあまり変わり映えしなくなってしまった日常に「意外性」を演出してくれる貴重な仕掛けなのかもしれません。

大好きだったトマトを急に食べなくなる。帰省中の一番風呂でウンチしちゃう。昨日まで鉄板ネタだった「変顔」が、今日は信じられないぐらい滑る……。昨日と今日がまったく違うからこそ、育児は本当に大変で、それ以上に面白い。そう思います。

＊　　＊

ちなみに、育児における「ちょい足し」お手伝いというのは、じつは「育児以外の家事」を手伝うこと。「風が吹けば桶屋がもうかる」ではありませんが、育児に追われるシュフにとってはこれがけっこうありがたいんです。「日中は家にいないから」「仕事から帰ると子どもは寝ている」なんていう非シュフの方ぜひ実践あれ！

シュフあるある　子どもの風邪は、必ずうつる。

その3

「よそはよそ」「うちはうち」。育児は1分の1の実験です

育児にマニュアルなんてない……とはわかっていながらも、赤ちゃんが生まれてからというもの、育児に関する書籍やテレビの特集にはついつい目がいってしまいます。

思わず「ほほう」と参考にしたくなるものから、完全に企画のための企画みたいな、「何だかなぁ」な内容のものまで、世の中には「育児」と名のつく情報があふれており、やっぱり少子化だから子どもが大事にされてるってことなんだろうなぁと思います。でも僕は、こういった育児マニュアル的な情報って一歩間違えるとけっこう危険だよなぁって思ったりもします。だって、

「本に書いてあるとおりにやってるのに泣き止まない」とか、

「もう○○カ月になるのに、うちの子全然喋らないわ」とか、

「女の子なのに男の子のおもちゃでしか遊ばないの」とか……。

そんなのいちいち気にしてたら育児なんて成り立たないでしょ。子どもにはその子どもなりの成長速度や個性があるわけで、誰ひとりとして同じ赤ちゃんなんていないんだから。

……でも。頭ではそうわかっていても、いざ自分の子どものこととなると、なかなかそれが難しかったりします。かくいう僕も、「あの本にはこう書いてあったけどうちの子は」って心配になりがちなタイプなので、子どもが生まれたときにこう思うことに決めました。

育児というのは「1分の1の実験」である、と。

実験っていうと聞こえが悪いかもしれませんが、要するに自分とこの赤ちゃんと、よその赤ちゃんを比較すること自体が、そもそも意味のないことだって思うようにしたんです。育児の前に道はなく、育児の後に道ができる、とでも言いましょうか。育児書に頼るのではなく、「こんな風に育って欲しいな」という自分なりのイメージを大事にして子育てをしようって、そう決めたんですね。

そして「中村育児ラボ」では以下のような子育て実験に取り組んでいます。

シュフあるある　公園に設置してある看板に「ボール遊び、花火の禁止」とある。じゃあ、どこならやれるのよ！　提案までしなさいよ！

【実験1】とにかく話しかける

生後間もないうちから、子守唄の代わりに「♪あ、い、う、え、お〜」って、50音に適当な節回しをつけて歌って聞かせることにしているんです。赤ちゃんの視界にしっかりと僕の口元が入るようにして、口の形も見えるようにします。

そして外出時には、奥さんに引かれるぐらいずっと赤ちゃんに話しかけるようにしています。まだ会話のできない赤ちゃんに、一方的に、ずっとです！

たとえば路地から猫が飛び出してきたとします。普通のママさんなら「あっ！ニャンニャンがいたよ、かわいいねー」くらいのところを、僕は「あっ！ニャンニャンだよ、かわいいねー。黒い猫さんだね。黒い猫が横切るとよくないことが起こるっていわれてるから、パパは横切ろうとした黒猫さんと平行に歩くことにしてるんだよ。それとね、猫さんはお魚が好きなんだよ。お魚っていうのは海のなかを泳いでいて……」ってな感じです。はた目には、明らかに気味の悪いお父さんに見えているんでしょうね。

でも、これにはちゃんと理由があるんです。僕は1日でも早く、言葉によるコミュニケーションを取れるようにしたいんです。

なぜならうちの場合は、奥さんの育休が明けて仕事に復帰してしまうと、その後は、父親である僕と子どもだけの生活が本格的にスタートします。そうなると、僕はたいていの家事は問題なくこなす自信があるんですけど、どうしても産みの親である母親と子どもとの絆には太刀打ちできないというか、やっぱり母と子だからこそ通じ合う何かがあるなって感じるんです。くやしいけれど、でも僕にはそれがありませんので、たとえば子どもが体調を崩したときに、母親ならピンとくるところが、僕にはわからない可能性があります。

だからこそ、僕は1日も早く言葉でコミュニケーションが取りたいのです。子どもの口から、「お腹」って言葉のひとつでも出てくれれば、僕だって足かけ10年の芸歴でつちかった「弟子っこ」精神で子どもの体調不良を察することができますから。

＊　＊

実際に子どもが早くしゃべり始めるかどうかはわかりませんが、こんな感じで僕の「1分の1の実験」は日々つづいています。

ちなみにホントは、おしゃべりな僕が日中ひとりだと話し相手がいなくて寂しいので、赤ちゃんに話しを聞いてもらっているという側面もあったりします。申し訳ない。

シュフあるある　ランチョンマットを新しいものに替えたら味噌汁こぼす。

その4

思い通りにならない赤ちゃんには「ツッコミ育児」が効果的

さて、つづきまして、「中村育児ラボ」では次のような子育て実験もしています。

【実験2】ツッコミ育児

みなさんご存知かも知れませんが、漫才にはボケとツッコミという役割があります。ざっくり説明すると「ボケ」は意図的におかしな言動を取る方の人で、「ツッコミ」はボケに対して「今の間違ってますよー」っていうリアクションを取る方の人のことです。この「ボケ」と「ツッコミ」がセットになって、はじめてお客さんに笑いが起こるという仕組みです。

で、僕の子育て実験では、この「ボケ」と「ツッコミ」という概念を育児に持ち込んでみました。赤ちゃんが「ボケ」で、親は「ツッコミ」になります。

たとえば赤ちゃんがお味噌汁をこぼしたとします。

何やってんの！　ダメでしょ！　お掃除大変なんだからね！

これは単に怒ってる。

ご飯のときはふざけちゃダメ、熱くなかった？　いっしょにお掃除しよっか。

これは教育的に叱ってる。

こぼしちゃったんかーい！　いっしょに拭いてキレイにしようって、ティッシュ取ろうとして、今度はミルクもこぼすんかーい！

そしてこれがツッコんでる、となる。

もちろん危険なことをやったり、道徳的によろしくないことをしたときは、しっかりと言って聞かせなくちゃいけませんから、こんなツッコミ入れてる場合じゃありませんが、日常生活のなかのちょこちょこっとした赤ちゃんの失敗に対しては、こうしたツッコミが有効です。

シュフあるある　1から10まで数えるときに「4」と「7」の読み方にムラがあって申し訳ない。

誰に有効なのかって？　そう、自分にです。

だいたいこちらが後片付けなどの手間を考えて勝手に失敗だと思っていることだって、じつは子どもの成長には欠かせないプロセスだったりします。だったら、不必要にカリカリするんじゃなく、楽しく柔らかいツッコミを入れて、赤ちゃんと自分のコンビで笑顔になった方が全然お得だと思いますよ。

昔から、「笑う門には福来る」なんていいますけど、ほんとにそう。どんなに怒ろうが、叱ろうが、子どもなんてどうせ親の思い通りにはいかないんだから、だったら子どもとのコンビ芸を磨いて楽しくいきましょう！　育児ストレスを抱えている人にもとてもよい方法だと思いますので、ぜひお試しあれ。

＊　＊

以上、２回にわたって「中村育児ラボ」の実験をご紹介しましたが、この２つの実験には、ある共通した目的があるのをお気づきでしょうか。そう、それは笑顔です。子どもを型にはめてしつけるのではなく、きちんとコミュニケーションをはかることで、なるべく笑顔を絶やさないようにする。それだけは忘れないようにしたいですね。

from 中村シュフの 日刊『主夫の友』BLOG

-2013.07.26 FRIDAY-

絵本で会話

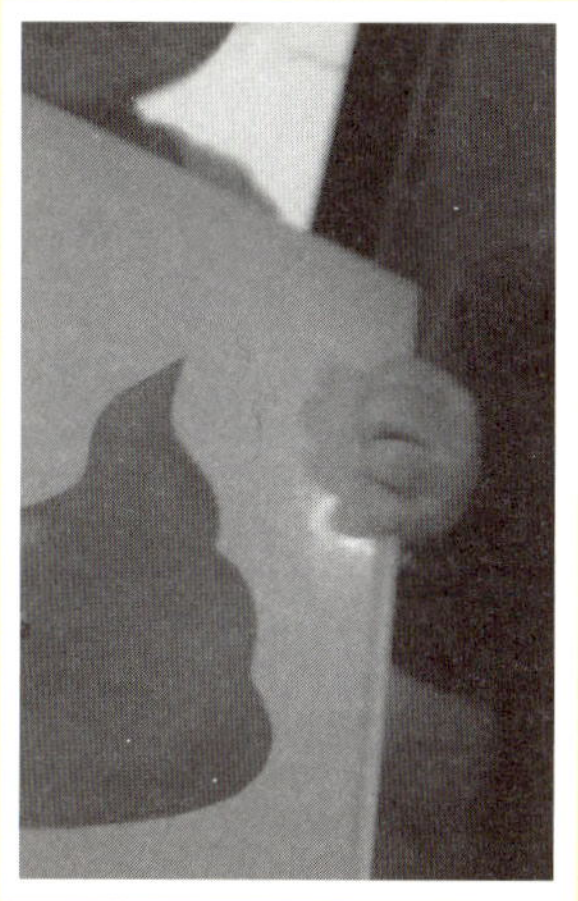

どちらかと言えば事前にお知らせしてほしい方、

中村シュフです。

赤ちゃんがうんちをした後に僕のところに

「うんち」ってタイトルの絵本を持ってきてくれます。

うんちをする前に持ってきてくれると助かるのになぁ。

ごめんください。

シュフあるある うんちが出過ぎても、出なさ過ぎても心配。

その5

「究極の離乳食」のレシピは、適当に作ること

赤ちゃんが生後半年を迎えるころになると、そろそろあれの準備が始まります。そう、離乳食です。最近では自治体の育児支援も充実してきているので、僕も地元の健康福祉センターで開催された、「はじめての離乳食」的な育児教室に参加してみました。

赤ちゃんのお世話を奥さんにまかせ、エプロン、三角巾、試食用スプーン&お皿を持って会場に向かうと、あらかじめ想定はしていましたが、受付ではやはり「あら？　男性の参加者？」的な空気を感じることになりました。なので、こちらも予定通り、満面の笑顔を見せて「怪しいもんじゃありませんよ」的なアピールで対応。

会場はといいますと、おおむね高校の家庭科室みたいな場所だと思ってください。生徒の実習用のアイランドキッチン台が4つ備え付けられており、先生が使うキッチン台の上の部分が鏡張りになっています。

各キッチン台の間には椅子が並べられていて、まずは講義を聞いてから実習に移るという流れらしいのですが、

案の定、僕の両隣の席だけは空いたままです。

むむむ。主夫の僕は、予想していた以上にママたちの目に怪しく映っているようです。イクメン・カジメンが増えてきて、主夫だって昔ほどは珍しくないなんて聞きますが、平日の昼に行われた今回の離乳食講座には、僕以外の男性参加者はゼロ。アウェーな感じ全開で講義がスタート。まずは住まいの衛生についての講義。男性の環境衛生監視委員が話をしてくれたんだけど、やや残念。自身の子育て経験をもとに受講者との距離を縮めようとしてるものの、「つかみ」としては完全に裏目に。本人は気づいてないみたいなんだけど、「僕も妻が妊娠、出産したときには家事をやらされたから苦労がよくわかります」みたいなセリフで、ママたちは完全に引いてます。

はあ？「やらされた」って、あんた被害者？「参加する」「協力する」みたいな第三者的な立ち位置が気に食わないね。

シュフあるある　綿棒をばらまかれる。

そんな空気が教室後方のママたちからビリビリ伝わってきます。漫才といっしょで、完全に「つかみ」に失敗してしまったので、もちろん話は全然ウケないし、そもそも聞いてさえもらえなくなってしまうという始末。いやぁ、自分のライブでこんな展開になったら……と思うと背筋が寒くなりました。

次に歯科衛生士さんから赤ちゃんの歯の手入れについての講義があり、そしていよいよ、本日のメインである離乳食についての講義がスタート！

担当するのはいずれも中年女性の管理栄養士さんとアシスタントさん。それと東京家政大学の学生さんが、何人かお手伝い実習に来ていました。

まずは離乳食のスタート時期についてのお話。ヨダレが多くなって、親の食事をじっと見るようになり、スプーンを口に入れても嫌がらなくなったらひとつの目安とのこと。月齢で言えば5〜6か月くらいが適齢期だそうです。

講義ではほかにも色んなことをわかりやすく教えてもらいました。

「ダシをしっかりとって繊細で優しい日本の味を覚えさせましょう」

「日を追うごとに、徐々に量を増やしていくことが大切」

「あげるのは午前中。なぜなら体調に変化があっても病院に行けるから」
「ママ由来の鉄分が切れる6か月頃から鳥レバーを意識的に」
「スープは製氷皿、離乳食はジップロックなどで冷凍保存」
などなど、細かく指導していただきましたが、いちばん印象的だったのは次のひと言です。

あんまり神経質にならなくていいから、
大人の食べ物を柔らかく煮て適当にスープで伸ばせばいいのよ。

はい、そうとうザックリした結論ではありますが、会場にきていたママたちも（もちろん僕も）このひと言で一同ホッとした雰囲気になりました。

＊　＊

これでもかというくらい細かな注意点を指導してからの、「でも神経質になり過ぎなくていいのよ」的なみごとなママ応援コメント。食材の安全性やアレルギーさえ気をつければ、後は「適当が適当」っていうことなんですね（笑）。

シュフあるある　トランプをばらまかれる。

その6

離乳食は父と子をつなぐ貴重なスキンシップの機会である

僕と奥さんが食事をする姿を、赤ちゃんがヨダレをたらしながらじっと見つめています。先日参加した離乳食教室で教わった「離乳食開始」のサインが完全に出たようです。

機は熟した。
本日より離乳食をスタートさせます。

まずは日本人の食事の基本であり、アレルギーの心配も少ないお米を使った「10倍粥」作りに挑戦。お米の10倍の水の量で炊き上げるお粥です。この後、徐々に7倍粥、5倍粥といった具合に進んで行くことになるわけですが、とりあえずは10倍粥がはじめの一歩。

お腹を空かせた赤ちゃんを抱っこした奥さんからの「早くしてよ」の不満の声を背に、鍋でじっくり40分ほど炊いていきます。さらに10分ほど蒸して、やっとこさ完成。いい感じ。

これをお皿に取り、スプーンで米粒を潰して滑らかにしていきます。そして、それを赤ちゃん専用スプーンの先にほんのちょびっとだけ盛って準備万端、待ったなし！

いよいよ離乳食VS.赤ちゃんのたたかいの幕が切って落とされます。

緊張で震える手をおさえながら、まずは赤ちゃんの口の近くへスプーンを持っていきます。そして

スプーンの先で「ちょんちょん」と赤ちゃんの口を軽く2〜3度ノックしてみます。

接近してきたはじめての離乳食に「ん？　んん？」って顔を見せる赤ちゃん。口をうっすら開けたので、「チャンス！」とばかりにスプーンをサッと滑り込ませたところ、驚きながらもモグモグして、ご飯だけを上手いこと口に含んでくれました。

すかさず、「しめた！　今だ！」とばかりに、スプーンを口から水平に引き出して、赤ちゃんがお粥を飲み込むかどうかをじっと見守ります。

シュフあるある　ポイントカードをばらまかれる。

ごくり。無事に飲み込んでくれました。

しかも「口には何も残っていないですよー」とアピールするかのように、口を開け舌を出してニコニコ笑ってくれました。

嬉しい。かわいい。そして、安心。色んな感情が一気に押し寄せてきて、恥ずかしながら少し泣いてしまいました。これまでずっと、「母乳さえあれば、母乳さえ出れば」とくやしく歯がゆい思いをすることが多かっただけに、ちょっと感極まってしまったんでしょうね。離乳食を食べさせることによってそのくやしさが克服できただけでなく、

赤ちゃんが初めて母乳を飲んでくれたときの母親の喜びや幸せを追体験させてもらった、

と言ってもいいような気分でした。いくら頑張っても、主夫の僕にはおっぱいがでませんから、授乳でのスキンシップは取れません。これって、けっこうくやしいことなんですよ。

でも、これからは離乳食を通して赤ちゃんとどんどんスキンシップをとっていくことができるようになったわけです。

＊　＊

当然のことながら奥さんも安心したみたいで、不覚にも泣いてしまった僕の様子をニコニコと見守ってくれていました。ただし、こんな牧歌的な幸せの一場面ではあっても、いつまでもその幸福感に浸っているわけにはいかないのがシュフのさだめ。感動さめやらぬなか、

余ったお粥をバタバタと保存用製氷トレーにうつして、
次回の離乳食に備えます。

ちなみに、つまみ食いしたはじめての離乳食は、嬉し涙の優しい塩味がしましたとさ。

シュフあるある　リダイヤルを押されて焦る。

その7 毎朝の「相撲ごっこ」は着替えの前のお約束

午前中のうちに家事をたくさんこなしたり、あるいは順番をうまくやりくりしたりすることで、何とか手に入れる自由な午後のひと時——。これってシェフにとっては、ささやかだけど、とっても貴重な時間だったりします。

で、その時間で何をしてることが多いかっていうと、やっぱりスポーツが多いみたいです。昔からの定番といえばテニスでしょうけど、最近ではジョギングあたりが流行りでしょうか。あるいはジムで水泳やエアロビクスなんていう方もいるかも知れません。

まあ何にせよ、スポーツで汗を流すことはシェフにとって、健康維持やダイエットにつながるだけでなく、何よりもリフレッシュ効果が大きいわけです。日々繰り返される日常にメリハリをつけて、夕方からの家事のやる気につなげていく。家事の持続可能性を高めるためには、こうしたリフレッシュをきちんとはさむことがとても大切なのです。

かくいう僕もスポーツをしています。

何のスポーツかといいますと、それはテニスでもなく、ジョギングでもなく、ひょっと

したらスポーツとは呼ばないのかも知れませんが……そう、僕がやっているのは「相撲」です。

しかしこの相撲はですね、自由時間を利用したリフレッシュのためとかではなくて、当然ダイエット目的でもありません。もちろん股割りもやりません。そして、相撲の相手はまだ2歳そこそこの娘で、まわしをつけるかわりにオムツをつけています。

勘のいい方はもうすでにおわかりですね。僕が取り組んでいるスポーツというのは、娘をスムースに着替えさせるための「相撲ごっこ」なんです。

非シュフの人には意外とその大変さが伝わっていないかも知れませんが、子どもの着替えというのは、歯磨きと並んでなかなかに大変な仕事なんですね。

その日の機嫌を見ながら「お着替えしようか」って優しく近寄っていくと、まず逃げだします。

着替えがほんとに嫌な場合もあるし、
追いかけっこ的な遊びのつもりの場合もありますが、

シュフあるある　食事のときに全然イスに座ってくれないのに、うんちしたオムツのときに限って座る。

いずれにしても逃げます。

子どものことですから、本気で追っかければすぐに捕まえられるといえばそうなんですが、捕まえてなんとかオムツ一丁にすると、また逃げ出します。機嫌をとりながらまた捕まえて、やっとのことで着替えさせると、

今度は洋服が気にいらないといって泣きだします。

しょうがないから、やっとこさ着せた洋服を脱がすと、また嬉しそうに裸で逃げ回るといった繰り返しで、とてもじゃないですが一筋縄ではいきません。その結果、このエンドレスなイタチごっこに終止符を打つために僕がたどり着いた手法が相撲なんです。

じっさい、なぜかわかりませんが、

「お相撲しようか」って言うと着替えが嘘のようにはかどるのです。

多分、うちの娘にとっては相撲ブームなんでしょうね。「相撲」という言葉を聞くと、早くたたかおうじゃないかと言わんばかりに自分で服を脱いでオムツ一丁になろうとします。当然ながら、僕も娘にうながされてパンツ一丁になります。

そしてオムツ一丁とパンツ一丁のふたりが向かい合い、四股を踏み、「ハッケヨイノコッタ」の声で両手をフローリングの床にチョコンとつき、取り組みがはじまります。

ノコッタ、ノコッター！　はい、ノコッタ、ノコッター！　しばしの熱戦の末にパンツ一丁の僕が床にごろんと倒されて勝負がつきます。そこで僕は起き上がり、若干ドヤ顔の娘に、懸賞金の代わりに洋服を手渡します。すると娘はなぜか大人しく着替えさせてくれて、朝の一番が終わるのです。

＊　＊

僕まで毎回パンツ一丁にならなくちゃいけないのは手間ですが、すんなり着替えてくれるに越したことはありませんので、この取り組みはまだしばらくつづきそうです。ちなみに今のところ決まり手はすべて「押し出し」でパパは黒星つづき。娘がかわいくて初日が出ないパパなのです。

シュフあるある　一回のオムツ交換で使用するお尻拭きの枚数が少ないママさんを見かけると、思わず「おー」って感心しちゃう。

その8

ふと気づけば「子育て」をさせてもらっている自分……

娘が2歳の誕生日を迎え、日々成長していく子どもの姿を見守ることができるのは主夫の特権だなぁと、つくづく思うようになりました。

朝まだ早く子どもが寝ているうちに出勤して、夜遅く子どもが寝静まったころに帰宅。週末しか余裕を持って遊んであげられない世のお父さんたちに、同じ男性として申し訳なく感じてしまいます。「世の中のお父さんたち、いつもありがとう」。主夫を代表してそんなお礼を言いたくなるくらい、2歳の娘と過ごす時間は素晴らしいと感じるのです。

その娘が先日、空を見上げて「くも たべたい」と言いました。

かわいいやつめ。「そうだなー、ちゃんといい子にしてたら、パパが魔法を使って雲をとってきて食べさせてあげるよ」。すると満面の笑顔で「いい子にするー」だって。

で、後日スーパーに買い物に行ったときにこのやり取りを思い出し、ひらめいちゃい

ました。駄菓子コーナーに直行して、じろじろと棚を見まわします。ありましたよ、「雲」。ひひひ。これは喜ぶに違いないと、僕はその「雲」を買ってニヤニヤしながら帰りました。

そして数日後、娘といっしょにベランダでシャボン玉を吹いていたそのときです。彼女は空に浮かんだ雲を指さして、

「くもたべたいよー、ちゃんといい子にしてたよー」

と言い出しました。ついにそのときがきたのです！　待ってました!!

僕は娘に気づかれないようにしながら「雲」の袋を開け、その「雲」をエプロンのポケットに、そっと忍ばせます。そして娘の横で空に向かって手を突き上げるのです。

「雲さん、雲さん、少しだけ食べさせてねー。えいっ！」

むにゃむにゃ呪文を唱えながら、空に突き出した手を素早くポケットのなかに戻し、仕

シュフあるある　公園でできるだけ手や服が汚れない遊びに誘導する。

込んでおいた「雲」を娘の目の前に差し出します。
娘はキラキラした目で、僕の手のなかにある「雲」を見て

「くもだー！　やったー！　すごーい！
ありがとうパパ！」

だって。えへへへへー。急激に成長しているとはいえ、まだ文字通りの青二歳。ちょろいもんですよ。綿菓子の「雲」に大喜びですから。
その後も、手を伸ばして「雲」の収穫を何度も繰り返し、娘の笑顔を存分に楽しみました。とはいえシュフ的には、あんまり「雲」を食べ過ぎて

ご飯が食べられなくなっても困るので、
「今日はもう雲終わり――」

って終了宣言したら、娘が大泣きしながら

「くもたべたい！　もっと、くも！
もっと、綿菓子食べたいよー！」

だって。

がーん。「雲」の正体が「綿菓子」だって知っていたのね……。知ってたうえで、「雲」の収穫につきあってくれていたのね……。しょんぼり。

＊　＊

娘は「綿菓子」を知っている。「綿菓子」が「雲」ではないことも知っている。そして、全部わかったうえでパパのコントに付き合ってくれていたことを、パパは知らなかった。

青二歳は知らぬ間にしっかりと成長していました。

シュフあるある　トイレに流すうんちを丁寧に見送る。

その9

子どもにひどいこと言っちゃう日だってあるんです

歴史的に貴重な物が展示されているのが「博物館」、資料的に貴重な本が所蔵されているのは「図書館」だとすると、シュフ的に貴重な体験が約束されているのが「児童館」です。非シュフの方にはあまりなじみがないかも知れませんが、児童館というのは、色いろな遊びや体験をとおして、子どもの健康な体とゆたかな心を育てるための施設で、シュフにとってはとても頼りになる、ありがたい施設なのです。

かくいう僕も、2歳になる娘といっしょに近所の児童館を大いに活用しています。天候によらず安全に室内で遊べるし、同じ年ごろの子どもたちといっしょに歌ったり踊ったりできる児童館は、娘にとってはとても楽しい場所のようです。

また、ママさんたちにとっても、同じ年齢の子どもを持つ者同士の憩いの場として貴重な役割を担っているようで、みなさんけっこうリラックスした会話を楽しんでいます。ちなみに、そんな児童館のママさんたちの話題ランキング（中村シュフ調べ）は……、

第5位「どこの小児科行ってる？」
第4位「幼稚園（もしくは保育園）どこにする？」
第3位「今晩何作ろうかな」
第2位「宝クジ当たらないかな」
第1位「うちの旦那がさぁ……」で始まるグチ

ってな感じです。

まあでも、「主婦」のみなさんがリラックスしているのはいいのですが、あまりに赤裸々な夫へのグチが聞こえてきたりすると、「主夫」の僕としては自然と居づらくなることもありますし、それと、主夫&娘のペアは僕だけなので、ママさんたちの輪に入って行きづらいという側面もあるので、そういう意味では児童館は、主夫的にはやや微妙な部分のある施設でもあります。

最近では、イクメンやらカジメン、あるいは僕みたいな主夫なんかも増えているような話もよく聞きますが、ほとんどのママさんにとっては、

シュフあるある　よだれかけを沢山もらう。

実際に主夫を目の当たりにするのは初めて。ハクビシンとかセアカゴケグモみたいなもんです。

なかには声をかけてくれる勇気あるママさんもいるにはいるんですが、そういうママはだいたい一匹オオカミ的なキャラなので、シュフ友になるまでにはいたりません（参考までにこういうママには、赤ちゃんをスリングで抱っこしていて素材感強めのナチュラルファッションの人が多いです）。

と、そんなシュフの社交場でもある児童館ですが、先日こんな貴重な体験をしました。いつものように娘が遊んでいると、同じくらいの年齢の男の子とオモチャの取り合いになってしまったんです。そして、娘が少し強くその子を押してしまったところ、その男の子が泣きだしてしまいました。ただでさえ若干の気まずさを覚えている児童館のなかなので、僕も必要以上にあわあわしてしまい、思わずその男の子のママさんに、

「暴力的な娘で申し訳ないです」と謝ったところ、

「いえいえ、とても元気いっぱいですね」と返されちゃったんです……。

そうなんです。頭ではこのぐらいの年齢の子ども同士だから、まだ意思の疎通が上手くいかないってことくらいはわかっているはずなのに、ついついバツが悪くて自分の娘のことを「暴力的」なんて言ってしまったんです……。まだしっかり言葉の話せない娘にとっては、僕がいちばんの理解者でなくちゃいけないのに、こともあろうに「暴力的」だなんて言っちゃった。相手の子のママに言われる前に、なんで僕が「元気いっぱいなんで許してやってください」って言ってあげられなかったんだろう……。その日は、そう深く反省しながら家路につきました。

＊　＊

家に帰り、落ち込んだまま娘といっしょにお風呂に入り、落ち込んだままタオルで体を拭いてあげていたら、そんな僕を見かねたのか、娘がタオルの端っこで僕の顔をニコニコと微笑みながら拭き返してくれました。きっとお風呂上りの汗といっしょに涙も流れていたんですね。こうして児童館は、娘といっしょに親の成長も見守ってくれるのでした。

シュフあるある　帽子をなかなか被ってくれない。被ったら被ったでお気に入りの帽子を季節感なく被りたがる。

第三章

主夫になってはじめてわかった「家族」のこと

その1
半端な「イクメン・家事メン」より、素直に「ゴメン」

巷では「〇〇メン」という言葉がすっかり定着しました。育児を積極的に行う男性は「イクメン」、家事を率先して行う男性なら「家事メン」。

育児や家事に理解があり、率先して手伝ってくれる男性（≒非シュフ）が増えているのであれば、女性（≒シュフ）にとってこんなに嬉しいことはありません。でもそれは、ほんとうの「イクメン・家事メン」であれば……の話です。

というのも、自称・「イクメン・家事メン」Gメンの僕的にはですね、「イクメン」「家事メン」の「仮面」をかぶった「なんちゃってイクメン・家事メン」がかなりの割合でいるんじゃないかと、そうにらんでおるわけです（メンが多くてゴメンなさい・笑）。

そもそも世の中には、この「なんちゃって」がじつに多い！ 古くは、ただルーズソックスを履いてるだけの「なんちゃって女子高生」なんてのもいましたし、最近では「なんちゃってセレブ」なんていうのもいる。さらに海を越えたあちらの国では「なんちゃってミッキーマウス」「なんちゃってピカチュウ」たちが幅を利かせている始末。これはもう「な

んちゃってイクメン・家事メン」を疑わない方がどうかしてるってもんですよっ！
と、なぜかテンションが上がってしまいましたので話を戻します。
そうです。「なんちゃってイクメン・家事メン」の話です。でもこれ見分けるのはけっこう簡単なんですよ。たとえば、いちばんわかりやすいのは汚れたオムツの交換時。

ウンチのときにオムツ替えをせず、さりげなく席を外す人は「イクメン」とは呼べない。

はい、そこのあなた。心当たりがありそうですね。イクメンだったら、ウンチのオムツだってちゃんと替えてくださいよっ！
そして、こちらはちょっと上級になりますが、

三角コーナーにまとめた生ごみの水切りを面倒がるようでは、まだまだ「家事メン」とはいえません！

シュフあるある　「野菜持ってきた」「新しい布団カバー持ってきた」「トイレ貸してね」って、冷蔵庫、クローゼット、トイレのなかをナチュラルにチェックするお義母さん。

シュフ的には、こんなの「認メン！」です。都合のいいとこだけをつまみ食いしたり、家事全体の流れを無視しているご身分で、「家事も育児もやっています」なんて言われては、たまったものではありませんからね。

とは言いながら、非シュフの人がなんでもかんでも無理して一生懸命やろうとするのも、じつはちょっと考え物だったりします。気持ちはとてもありがたいのですが、あれこれ勝手にやられるよりも、現実的には、「家事のリーダー」であるシュフのサポートに徹してもらった方が助かるのです。第1章で繰り返し言ったと思いますが、お手伝いというのは「量より質」。気の利いた、そして、かゆいところに手が届くようなお手伝いをさりげなくしてくれるのが、シュフにとっていちばんありがたい「イクメン・家事メン」だっていうことなんですよ。

で、だいたいそういうことを言うと、「そんな都合のいい『イクメン・家事メン』なんて無理だよ！」「わがままばっかり言ってんじゃねえぞ！」なんて声が聞こえてきそうですが、それほど難しいことでもないんですよ。

要はふだんからシュフの仕事に興味を持って、コミュニケーションをしっかりとっておけば

いいだけの話。そうすればシュフが何を欲しているのかは自然と見えてきますから。そうです、

日頃のナイスコミュニュケーションこそが、ナイスコンビネーションのお手伝いを生み出すんです。

とはいえ、非シュフの「イクメン・家事メン」にだって、そんな余裕のないときはあるはず。そんなときは無理に家事や育児を手伝わなくていいので、ひと言「今日もありがとう」という感謝の言葉をかけてください。「ありがとう」はシュフにとってのお給料です。

＊　＊

それとですね、家にいる時間の長いシュフにとって、パートナーとのささいなケンカはけっこう後を引きがちです。ですから、そんなときに非シュフの方から、意地を張らず素直に「ゴメン」と折れてくれるとほんとに救われます。

イヤイヤな「イクメン・家事メン」であることよりも、素直な「ゴメン」。そんな男性こそが、シュフにとっていちばんの「イケメン」なんだと思います。

シュフあるある　風邪で寝込んでいるときは頑張らないでコンビニ弁当とか買ってきてほしい。作られると火の始末、食材のあまり、ゴミの処理が気になって仕方ない。

その2

3連休は家族みんなが嬉しいわけではありません

国民の祝日を元々の日付から月曜日に移動させて、週末と合わせて3連休にする「ハッピーマンデー制度」。平成10年度に「成人の日」と「体育の日」が、そして平成13年度からは「海の日」と「敬老の日」がそれぞれ月曜日に移動して、日本はやたらと3連休の多い国になったわけです。僕が子どもの頃はまだ、土曜日は午後だけお休みのいわゆる「半ドン」でしたから、それはもう、休みだらけになった印象ですね。

まあ僕の印象はさておき、会社勤めのサラリーマンや、ちびっ子たちにとって3連休はとても嬉しいに違いない。きっと、

「サザエさん」を見終わっても
気持ちに全然余裕があるに違いない。

当然、それだけじゃありません。家族旅行などにもでかけやすくなるので、観光業をは

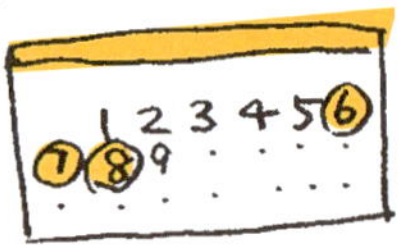

じめ、さまざまな側面で経済の活性化につながるといったメリットも「ハッピーマンデー制度」にはあるらしいんですね。「連休が増えて、みんなが楽しい気持ちになって、ついついお金も使ってしまい、景気も回復して、万歳！　万歳！」。まさに「ハッピー」な制度なんですね。それはそうかも知れない。だけど、

シュフにとって、3連休は手放しでハッピーではないんです。

そう。ハッピーだけでは済まないんです。

だいたい旅行をきっかけに、シュフが日々の努力で作り上げてきた生活のリズムや流れが、いとも簡単に崩れるケースが非常に多い。まあそれでも旅行なら、家族の思い出も残るし、旅先では「上げ膳据え膳」になるわけですから、ハッピーな面がないでもない。

ただ、3連休のたびに人は必ず旅行をするわけでありません。

シュフあるある　連休を利用して奥さんの実家にお泊り。
エプロンを持っていくべきかどうか悩みます。

どういうことかと言うと、旅行にでかけない3連休には、「休日のお昼ご飯」問題が発生する、ということなんです。シュフにとって、この「休日のお昼ご飯」問題というのは非常に嬉しくないんです。

シュフにとってふだんのお昼ご飯は、自分自身が食べるだけのものなので、昨夜の夕飯や朝食の残りをアレンジするとか、パスタやうどんなど簡単な麺類とかの、いわゆる「やっつけ」ご飯で済ましてしまうものです。昼食というのは「作る」というより「やっつける」って感じで、わざわざ作らないんです。

それが休日になると状況は一変します。家にいる家族の昼食をちゃんと「作る」必要が出てくるのです。「ハッピーマンデー」と関係のないふつうの土日であれば、土曜の昼食は平日の食材在庫一掃処分で「やっつける」ことができますし、日曜の昼食も、家族サービスと称して外食で「やっつける」こともできます。

けれど3連休ともなると、土日明けの月曜の昼食はなかなか「やっつける」のが難しい。ありあわせで使えそうな食材はもう残っていないし、かといって、連日の外食はシュフとしてのプライドも許さない。となれば仕方ない。

わざわざ昼食を「作る」しかないわけです。

しかも、週末の「お手軽鉄板メニュー」である麺類はすでに土曜に出してしまっているので、連休3日目の昼ご飯は、家族からもある程度のクオリティを要求されてしまう（ような気がする）のです。非シュフのみなさん、シュフにとっての「ハッピーマンデー」制度は、そんなしびれる面もあるということもお忘れなく。

＊　　＊

かくして3連休中日のサザエさんは、「明日もまだ休みなの、はぁ〜」という憂鬱な影を日本全国のシュフの上に落とすのでした。

ちなみに我が家もあと3年で子どもが小学校に上がると、「休日のお昼ご飯」問題が1ヶ月以上つづく、夏休みという地獄が待っているんだなぁ、はぁ〜。ほんとにシュフって休みがないよなぁ……。

シュフあるある　ハンガーに干したTシャツを取り込むときに、裾からじゃなく襟口からハンガーを取る。ケンカの後のちょっとした仕返し。

その3

シュフのお出かけ準備は、なんと非シュフの3倍!!

「遅いなー、もー何やってんだよ！」「どうしてこんなに時間がかかるんだよ！」って、家族でお出かけするときにいつもイライラしているご主人（＝非シュフ）多くないですか？　絶対多いですよね〜。

　でもですね、そのイライラはとんでもない筋違いだろうって、シュフの僕は思うんですよ。むしろこっちの方がイラついてんだぞって。だって、ご主人の大半は、お出かけのときにシュフがやらなくちゃいけない準備の内容を、ちっともわかってないですからね。

　たとえば会社で取引先の納期が遅れたり、部下に任せた仕事がなかなか終わらなかったりすると、「どうしてこんなに遅いんだよ！」って怒ることは誰にでもあると思います。

　でもそこで怒れるのは、「だいたいこれくらいで終わるはず」っていう目安がわかっているからですよね。その目安があればこそ、「遅い・早い」の判断ができるわけで、それもないのに「遅い！　遅い！」ってイライラしてたら、それは単に気が短くて、コミュニケーション取りづらい人です。あっという間に会社中の〝鼻つまみモノ〟になっちゃいますよ。

それがですね、会社ではきわめて良識的なご主人が、なぜか家庭では平気で〝鼻つまみモノ〟になっちゃうから不思議です。ただ、こう言うと必ずこんな反論があります。

近所のショッピングモールなんだから、準備なんてないだろ。
なにもハワイに行くわけじゃあるまいし……。

違うんです。

ハワイだろうがイオンだろうが、お出かけはお出かけなんです

家族3人でデパートに出かけるとしましょう。ご主人（＝非シュフ）は、お財布を忘れずに持つぐらいで済みますよね。いわば、「自分自身の身支度」だけ。

いっぽうシュフはですね、まず、①アニメに夢中の子どもに「出かけるからテレビ消しなさい」と説得して着替えさせ、お出かけと知ってテンションが上がる子どもを捕まえて日焼け止めを塗り、乳幼児の子どもがいるなら、オムツや水筒、携帯用の離乳食などをバッグに詰め込んで……といった「子どもの身支度」を済ませなくてはなりません。その上で、

シュフあるある　会社を出るとき、電車に乗るとき、最寄り駅に到着したとき。帰るコールのタイミングを統一してほしい。

②洗濯物を取り込み、戸締りや火の元のチェックをし、さらに帰宅後を見越して部屋をある程度片付ける、といった「家の身支度」に取り組みます。

そして最後に、やっと、わずかな時間を利用して、③洋服を選んだり、お化粧をしたり、といった「自分自身の身支度」に取りかかれるのです。

どうです！　お出かけ準備の項目だけ見ても、ご主人（＝非シュフ）の「自分自身の身支度」に対して、シュフは「子どもの身支度」「家の身支度」「自分自身の身支度」と、じつに3倍の身支度をしているんです。ブツブツ文句言ってる暇があるなら、「オムツを替えておく」とか「戸締まりを確認しておく」といった「子どもの身支度」「家の身支度」を率先して手伝ってくれ！　というのがシュフの心の叫びだと思います。

＊　＊

だから、そんなバタバタのなかで奥さん（＝シュフ）の身支度に多少の時間がかかったくらいで文句を言ってはいけません。きちんと洋服やお化粧をほめてあげるとか、それくらいの余裕を持ってもらえればと思います。

from 中村シュフの
日刊『主夫の友』BLOG

-2014.03.13 THURSDAY-

気持ちはわかるけども

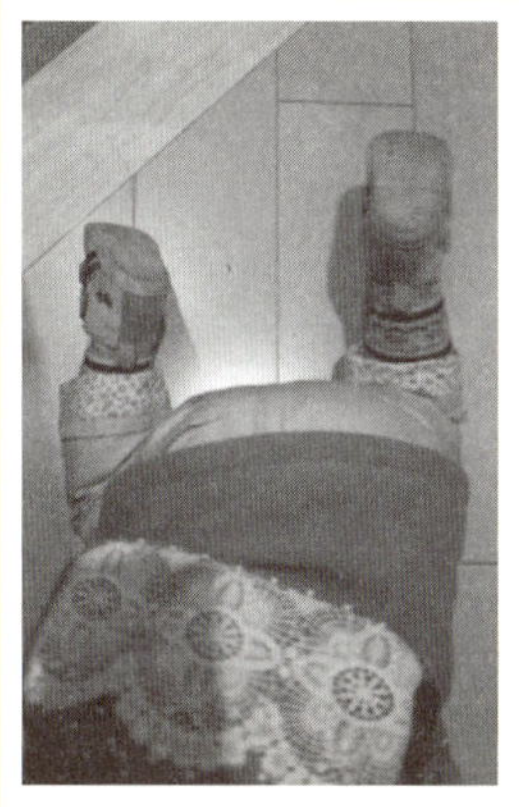

どちらかと言えば共感した方、中村シュフです。

わかるー！ その気持ちわかるー！

靴を脱がないで部屋に忘れ物をとりにいきたいよねー！

せっかく靴がはけたんだもんねー。

でもダメー。はい抱っこ抱っこね。

ごめんください。

シュフあるある　鍋を火にかけるより、シャツにアイロンをかけるより、
部屋に掃除機をかけるより、「ありがとう」って感謝の言葉をかけてほしい。

その4

「異性の人は異星の人」と認識せよ!?

まだ子どもが生まれる前、区が主催するプレママ&プレパパ講座に夫婦そろって参加したことがあります。この講座は、はじめてママ・パパになる夫婦に、妊娠、出産、子育てへの理解を深めてもらうことで、その不安や悩みを軽くし、逆に楽しさを感じてもらおうという趣旨だそうです。

これがなかなか丁寧な講座でして、みっちり2時間にわたり講師の方からママ・パパになる心構えや育児への取り組み方を教わったのですが、それとは別に、とても重要なことにも気づくことになったのです。

それは、ひと通りのレクチャーが終了した後に設けられた、「パパグループ・ママグループにわかれて、それぞれ同性だけでパートナーに対する不満やグチを言い合ってみましょう」みたいな時間でのことです。

参加者一同、じゃっかん戸惑いながらも、早速グループにわかれてトークをスタート。みんな色いろ溜まっていたんでしょうね。

まず口火を切ったのは、奥様が地方出身だという東京出身の男性。

出身地が違うせいでしょうか、料理の味付けとかが全然違っていつもケンカになるんですよ。

うちの奥さんもほんとは色々言いたいことがあるのかも知れないなぁ……、なんてぼんやり思っていると、今度はその男性が、グループ内にいた唯一の外国人男性に、「うちみたいに出身県が違うだけでこんなに大変なんだから、国際結婚だともっと大変でしょ？」ってしたり顔で話を振ったんですね。すると、水を向けられたその外国人男性の口からは意外な回答が飛び出しました。

「料理ノ味ノ違イナンカデケンカシマセンヨ！」

この言葉を聞いて、僕はハッと気がつきました。なるほどねー。国際結婚だとそもそもお互いの感覚が違いすぎるから、「味の違いなんか」で揉めてたらキリがないんだ、と。

でも、人間って不思議なもんで、自分が育った環境で身についた衣食住の習慣こそが標

シュフあるある　同じことを毎日繰り返して、家族に変化のない生活を送ってもらうことの大切さ。

準的なものだって思っちゃいがちじゃないですか。特に日本人の場合は、「基本的にみんな同じ」みたいな感覚が強いからなおのこと。自分の生活習慣と異なるスタイルに触れると、つい不満を感じてしまい、些細なことでケンカになっちゃうんですよね。

「お味噌汁の味が濃すぎる」とか、「洗濯物の畳み方が違う」とか、「明るくないと眠れない」とか……。

いやあ、ぶっちゃけ、全部どうでもいい話じゃないですか。でも、どうでもいいはずなのにどれもケンカの火種になりますよね。僕はこういった、生育環境のズレから生じるケンカを、家庭内の「文化の衝突」って呼んでいます。大げさな言い方だと思われるかもしれないけど、国と国とのもめごとだって、たいていはこの「文化の衝突」が原因。育った環境が違うんだから生活文化は当然違ってくる。生活文化が違えばモノの考え方や感じ方だって違うんです。このことを理解し合わないからもめちゃうんです。

さっきの外国人の方なんかは、多分、こういうことがよくわかってるんでしょうね。夫婦とはいっても、それぞれ別の人間なんだから違って当然。そんなことでいちいちケンカしてたらキリがないってことが。

日本人が畳の上に土足で上がってきたら、そりゃあ怒るけど、日本にはじめて来た外国人が靴を脱がずに上がってきたら、笑って「オーマイゴッド！」――みたいなことなんだと思います。

だとすればですよ。はじめっからパートナーのことを、日本を飛び出して外国人、いや地球を飛び出して「異星人」だくらいに思えばいいんじゃないでしょうか。「異性」じゃなくて「異星」のパートナー。異星出身なのに自分と結婚してくれて、右も左も上も下もわからない星の文化のなかで頑張ってくれていると思えば、否が応にも寛容になれるはず。

＊　＊

ちなみに僕は一度もＵＦＯを見たことがありませんし、『Ｅ．Ｔ．』や『未知との遭遇』をまともに見たことさえありません。そんな僕でも「異星人」の奥さんとはじゅうぶん友好的に暮らせていますよ。

シュフあるある　ころころコップをかえないで、ちゃちゃっと洗って使えばいいでしょ。

その5

「朝」と「夜」ではトークポジションを変えましょう

子どもが生まれるまで、僕は出勤する奥さんと最寄りの駅までいっしょに歩いて行き、改札のところまでお見送りをしていました。

そして夜は、奥さんが仕事を終えて駅に到着する頃合いを見計らって迎えに行き、家までいっしょに帰ってくる。

信じられないような酷暑や記録的な大雪の日、ときにはドンピシャでゲリラ豪雨に遭遇する日もあります。ですが、それでも僕がこの「送り／迎え」を毎日欠かさず実践していたのには、じつはある理由があります。

もちろん奥さんのことが大好きっていうのが前提ではありますが、じつはそれ以上に、一家の大黒柱である奥さんに「楽しく心地よく仕事に向かってもらい」、そして、「仕事のストレスを明日に持ち越させない」というのも大事な「家事」のひとつだと考えているからなのです。

そしてこの「送り／迎え」が家事である以上、当然ながら僕なりの工夫をこらしていました。それは、「送り」と「迎え」でトークポジションを変えるというテクニックです。

まずは「朝」。僕のトークポジションは「話し手」です。

まだ眠そうな奥さんの目を、「金木犀の香りがするねぇ」「新しい雑貨屋さんができたんだよぉ」といった優しい話題でゆっくりと覚まさせていきます。

そして、「そうそう、スーパーに買い物に行ったら面白いおじさんを見かけてね……」「洗濯物を干そうとしたら強風が吹いてきちゃって……」などの面白エピソードトークで、一気に頭を覚醒に導き、奥さんが笑顔で会社に向かえるようにしていました。

次に「夜」。ここでは一転して「聞き手」に徹します。

会社であったことの報告や仕事への不満やら、そういったグチを一方的に聞くのです。

僕はこれを、「グチと報告のシャワー」を浴びると呼んでいます。そして、このシャワーを浴びる際に大事なのは、

けっして建設的な意見をはさまず、
ひたすら共感と合いの手だけに徹する

シュフあるある　献立考えて、買い出しして、調理して食べ頃のタイミングでテーブルに並べているのに、テレビに夢中でなかなか箸をつけないってなんなの！

ということです。「会社でこんなことがあったんだけど、どう思う?」なんて聞かれたからといって、その問いかけを額面通りに受け取ってはいけません。良かれと思って自分の意見を述べようものなら「はぁ? 全然わかってないね! なんでそんなこと言われなくちゃならないの」って言われるに決まっています。

だから「うん、うん、へーなるほどね、大変だったね」の合いの手「だけ」が正解なのです。「グチと報告のシャワー」がひとしきり済めば、いつの間にか、「キオスクで新発売のチョコ見つけたから今度買っておいて」みたいな他愛ない話題になっていますからね。

こうした「送り/迎え」のような短い時間のコミュニケーションも、積み重なれば夫婦にとっての「絆」になるんだと思います。

* *

ちなみに夕飯後のちょっとした夫婦の時間には、僕が今日1日にあった出来事を奥さんに話すこともあります。でも、そのときの奥さんのトークポジションは、「話し手」でも「聞き手」でもなく、話の序盤で大抵「あきて」ます。

from中村シュフの
日刊『主夫の友』BLOG

-2014.02.15 SATURDAY-

イニシアチブ

どちらかと言えば転ばないでほしい方、

中村シュフです。

僕の手をとりグイグイ引っ張っていく赤ちゃん。

奥さんに似てるなーって思う。

ごめんください。

シュフあるある　話を聞いてよ、こっちは1日大人と喋る機会がなかったんだから。

その6

「夜の営み」のカギを握るのは子どもの寝相……

突然ですが、ベッド派か布団派かといえば、僕は布団派です。実家に住んでいたころもずっと布団だったし、学生時代に一人暮らしをしていたときも布団、芸人をはじめて都内の風呂無しアパートに住んでいた時期も布団。

だから、結婚してからも当然布団なのです。奥さんはほんとはベッド派なんですが、寝具に関しては珍しく（!?）僕の意見を通させてもらっています。ちょっと誤解を招く表現かも知れませんが、

夜の生活においては、
中村家ではシュフの僕がイニシアチブを握っている

という言い方もできます。「たかが布団、されど布団」ではありますが、僕にとっては結構ありがたいことです。

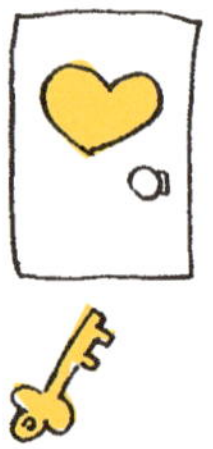

さて、ここではそんな中村家が布団の上で繰り広げている夜の営みについて見て行きましょう。はい、そこイヤらしいこと考えないでくださいよ！

まず肝心な布団ですが、サイズはセミダブル。この大きな布団ひと組で奥さんと僕の2人が寝るのが、子どもができる前の中村家の基本的な布陣でした。

ところが赤ちゃんができてからというもの、この基本の布陣に、ちょいちょい変化が生まれるようになりました。

普段はベビーベッドに寝ている赤ちゃんが、何の具合かわかりませんが、僕と奥さんが寝ている布団にしばしば潜り込んでくるようになったからです。

俗にいう「親子3人で川の字」になるわけですね。

筆順的にいえば、僕が「川」の1画目を、赤ちゃんが2画目を、そして奥さんが3画目をそれぞれ担当することになります。

そして、ここからが本題の中村家の「夜の営み」の話。

シュフあるある　一口も食べないうちから調味料を足されるとイラッとなる。

3画目担当の奥さんは、赤ちゃんが上手に眠りにつけるように胸をトントンと優しく叩きながら、いつの間にか自分が寝てしまいます。すると、寝相の悪い赤ちゃんは僕の上を乗り越えて移動をはじめます。気がつけば赤ちゃんが1画目になって僕が2画目に。赤ちゃんが布団からハミ出さないよう、元・1画目の僕が奥さんの方に近づき、新・1画目の赤ちゃんが、当初の僕の位置に納まります。

ぐっすり眠っている奥さんは、僕と赤ちゃんが入れ替わったことには気が付かず、新・2画目である僕の胸をトントンしてきます。これがいいんです。ちゃっかり赤ちゃんと入れ替わり、奥さんに優しくトントンされたまま寝かしつけてもらう……フウ♡。

うーん、なんて牧歌的な「夜の営み」でしょう！

こんな夜もあります。

いつものように「親子3人で川の字」になり仲良く寝ていたら、やっぱり2画目を担当している寝相の悪い赤ちゃんがモゾモゾと動き出しました。

しかし、なんだかいつもと様相が違います。いつもは1画目担当の僕を乗り越えて移動するはずの赤ちゃんが、こともあろうか、1画目の僕と3画目の奥さんのあいだで90度回転していたのです。そうです、漢字の「川」がアルファベットの「H」になってしまったのです！

「親子3人で川の字」は牧歌的だけど、
「親子3人でHの字」はなんだかちょっと気まずいぞ……。

＊　＊

ほんとは全然何も気まずくはないんだけど、やっぱり親子団欒の「夜の営み」にはそういう「H」な要素は持ち込みたくないですよね。そっと赤ちゃんを元の位置にもどして、再び川の字をつくる僕なのでした。おやすみなさい。

シュフあるある　無理な体勢でやっとこキレイにしたトイレにすぐ入られるとムカつく。

その7

ひと世代前とは明らかに変わった「ジジババ」との距離感

わたくし中村シュフは主夫ではありますが、パートで芸人のお仕事もさせてもらっています。パートとはいえ芸人としての仕事中は、当然ながら子どもの面倒を見ることができません。特に地元のケーブルテレビ局には大変お世話になっているのですが、さすがに子どもを背中におぶって収録にのぞむわけにはいきませんから、そのあいだは誰かに子どもの面倒を見てもらわなくてはなりません。

この場合の「誰か」というのは「実家の両親」ということになります。僕の場合も、テレビの仕事のときは娘を連れて実家に帰っています。そして、仕事中は娘を両親に預かってもらい面倒を見てもらっています。じつにありがたい。

ありがたいどころか、両親の助けがなければパートタイムの仕事すらできないのが実情です。

でもまあ、年老いた親への感謝の気持ちはありつつも、自宅よりも広い田舎の家を楽んでいる娘の姿を見ていると、正直、これはこれで「あり」なのかな、とも感じています。特に娘が喜ぶのが実家で飼っているペット。自宅はマンションで動物を飼うことができませんから、実家でペットと触れ合えるのがとても嬉しいようです。

実家で飼っているペットはですね、一応、豆柴です。「一応」と付けたのは、近所に住んでるおばちゃんから豆柴だと聞かされてもらい受けたのに、あれよあれよという間に大きくなって、今では大型犬くらいに成長してしまったからです。そのせいというわけではありませんが、名前は「大五郎」。豆柴の大五郎。豆は豆でも世界最大の「モダマ豆」の豆柴だったのかな、と妙な納得をしてかわいがっております。娘はこの大五郎が大好きで、父が大五郎を散歩に連れて行くときにいっしょについていき、何とか仲良くなろうとしています。

それと実家で最年長のお婆ちゃん猫「ねこ」。娘は餌やり当番としてねこに1日何回も餌をあげています。ねこは餌をもらって嬉しそうに、母は餌代がかかって仕方ないと悲しそうに、それぞれないております。

シュフあるある
リビングでテーブルを囲んで座るときの自分の定位置が、色々と用事を頼まれやすい損な席な気がする。

それから水槽がふたつあって、ひとつには金魚、もうひとつにはメダカが泳いでいます。

そして、下町育ちでべらんめぇ口調の父と、かつて、八百屋の看板娘だったという明るい母が、僕の実家のフルメンバーになります。

そんなペット（および僕の両親）たちと楽しく過ごしていたある日のこと、娘が水槽を見つめて「パパー、パパー！」って必死に呼ぶじゃないですか。「何事か」と近寄ってみると、メダカが1匹、水面にプカンと浮いていました。完全にお腹を見せてますから死んでいるわけですね。死んでしまったメダカには申し訳ないけれど、僕はそのとき「これはチャンスだっ！」と思いました。一生懸命お世話をしたメダカが死んでしまい、とても悲しい気持ちになっている、まさにこのタイミングでしか教えられないことがあるはずだからです。

僕はそのかけがえのない命を通して、次の3つのことを娘に教えました。

生き物は必ずいつか死ぬという「事実」、
死んだらお空のお星さまになるという「メルヘン」、
そして、3匹－1匹＝2匹という「算数」。

いずれもまだ2歳の娘にはちょっと理解が難しかったかもしれないけれど、彼女はこれからの人生を生きていくために貴重な糧を得たはずだ。「ありがとうメダカ。君の死はけっして無駄ではなかったぞ」。心の奥でそうつぶやきながら、娘といっしょに庭の隅にそっとメダカを埋めてあげるのでした。

＊　＊

東京のような都市部だけかもしれませんが、今の子どもたちにとって、田舎のおじいちゃん・おばあちゃんとの距離感は、僕が子どものころとずいぶん変わってきている、という話をよく聞きます。おじいちゃん・おばあちゃんは昔よりも確実に若々しくなり、その存在もどんどん身近で、日常的なものになってきているというのです。

その変化が子どもの成長にどう影響していくのかは、僕にはわかりません。ただ、育児をしながら仕事をしようと思えば両親の助けは欠かせませんし、子どもにとっては、おじいちゃん・おばあちゃんのような上の世代の人と接すること自体にも意味がありますから、子どもにはどんどん「ジジババ」を満喫してもらおうと思います。

シュフあるある　夫婦ゲンカのときは、料理を作って食べるに限る。
頭も冷えて、お腹もいっぱいになり仲直りしやすい。正論よりエプロン。

その8

義理の両親とはゆっくり、じっくり「家族」になりましょう

「お父さん、娘さんと結婚させてください！」
「どこの馬の骨かもわからん奴にお父さんと呼ばれる筋合いはない！　ねぇお父さん」
「ってお前、いったい誰だったんだよ！　いいかげんにしろっ！　どうもありがとうございました―」

漫才師のときに舞台上で何度となく演じてきた「結婚申し込み」のシーンですが、僕の場合の「結婚申し込み」本番はこんなでした。

着なれないスーツに身を包み、手土産の菓子折りを用意して奥さんの実家を訪ねる僕。玄関では、奥さんとお母さんが出迎えてくれました。お母さんは僕の素性や現状について、把握してくれていましたが、それでもやっぱりドキドキです。

そしてリビングに通してもらって、いよいよお父さんと対峙します。お父さんはひと言で表現するなら「ジェントルマン」という言葉がピッタリくるタイプ。物静かで落ち着い

ていて、そのうえ品がある。僕の父と同じ「お父さん」でもかなり趣が違います。

じつは奥さんを迎えに行ったときに偶然鉢合わせたことがあるので、お父さんと会うのは2回目なのですが、ちゃんとお話しするのは今回が初めて。挨拶もそこそこに席に着き、芸人をやっていたこと、そして結婚後は主夫になることなどを話したと思いますが、正直緊張しすぎてあまり覚えていません。

そしていよいよ、僕が舞台で言い馴れたあのセリフのタイミングがきました。

「お父さん、娘さんと結婚しゃせてきゅ☆♯▼♪И」

完全に噛みました……。

情けない。ただでさえ芸人から主夫になるような僕なので、一発殴られるくらいの覚悟はしていましたが、肝心なところで大事なセリフを噛んでしまったので、さあ大変。ですが、二発目も覚悟して硬直していた僕に向かって、お父さんはこんな風に言ってくれたのです。

「ふたりが決めたことならいいんじゃないか。そういうスタイルもあるだろう」

結婚を許してくれたうえに、僕が主夫になることにもきちんと理解をしてくれたんです。

「うわーん、ありがとうごぜぇーますだー、お父さーん！」

こうして無事に結婚を許されたわけですが、今ではあれだけ緊張していたのが嘘のよう。奥さんの家族とは毎年いっしょに旅行へ行くほどの仲になり、すっかり新しい「家族」って感じだから不思議です。

＊　＊

さてそんな新しい「家族」ですが、主夫の僕にはちょっと悩みもあります。奥さんの実家に集まるときにエプロンを持参していくべきかどうかという、いわゆる「エプロン問題」です。僕的にはいつお手伝いを頼まれてもいいよう、荷物のなかには必ずエプロンを忍ばせてありますので、そろそろ遠慮せずに「ちょっと手伝って」って言ってくれていいですからね、お母さん。

from 中村シュフの
日刊
『主夫の友』
BLOG

-2013.11.02 SATURDAY-

母校

どちらかと言えばウサギ小屋も見た方、

中村シュフです。

僕の母校の小学校。

田舎の広い校庭に圧倒されているようです。

ごめんください。

シュフあるある　「ツーカーの仲」もいいけど、いっぱい話をしていっぱい話を聞いてほしい。

その9

「悲劇」を「喜劇」にしてしまうのが、家族という劇団

三谷幸喜さんの舞台のひとつに『バッド・ニュース☆グッド・タイミング』というタイトルの作品があります。「最悪のニュースは、最高のタイミングでやってくる」という意味だそうですが、シュフの日常にもこの手のことはよく起こります。

たとえば、夕飯のカレーを作り終えてご機嫌なタイミングで奥さんから電話がかかってきて、「お昼ご飯はカレー食べたよ」って報告があったり。

また、たとえば、天気が良かったのでお布団を干してフカフカにしたタイミングで、なぜかその夜に限って娘がおねしょしちゃったり。

それとか、

特売の野菜を買いだめしたタイミングで、
無農薬的な野菜が、実家からどっさり届いたり。

さらには、娘をお昼寝でようやく寝つかせたと思ったら救急車がけたたましくサイレンを鳴らして通ったり。

よくもまあ、と言いたくなるくらい、この手のことはよく起こるんです。

こういった場面に遭遇したときのシュフの落胆ぶりといったら、それはもう半端じゃないんですね。そこまでに費やしていたカロリーと、やる気と、時間の分だけ、まとめてどっとガッカリ感が襲ってきますから。

でも不思議なのが、こうやって書きおこしたり、他人に話してみたりすると、なぜか何か楽しい気分になるんですよ。自分の身に振りかかったそのときは、まさに「悲劇」としかいいようのない感じだったのが、文章にすることで客観的に見られるようになるせいなんですかね。

こういった日常の「バッド・ニュース☆グッド・タイミング」も、あたかも他人事のように書き出してみると、日本全国のシュフにとって「あるある感」満載の共感エピソードになるわけです。喜劇王チャップリンの名言、

シュフあるある　毎回自分がトイレに入ったときに
トイレットペーパーを交換しているような気がする。

「人生はクローズアップで見れば悲劇だが、ロングショットで見れば喜劇だ」

ってあれですよね。

シュフという、家事をこなす主人公にとっては悲劇に見える出来事も、それを「日常生活」という舞台で、シュフ自身がお客さんになって見ていると思えば、それは一転して、喜劇になり得るってことなんだと思います。

せっかくの人生だから笑顔になれる喜劇のほうがいいに決まってますよね。だったら、トラブル満載の「悲劇」の主人公として毎日の家事に奮闘しながらも、同時に、これでもかというくらいのドタバタ「喜劇」の観客目線になることも忘れずに過ごしていきましょう。そうすれば、日常のちょっとしたイライラだってだいぶ解消されるはずです。

*　　*

かくいう僕の身にも、先日こんなことが起こりました。

とてもお世話になっている先輩からの電話をうけているときに、奥さんから「ねえ、チェックの柄のハンカチってどこにしまったっけ?」と声をかけられ、その同じタイミングで、足にしがみついてきた娘からダンスに誘われ、さらにその同じタイミングで、夕飯の煮物ができあがったことを知らせるタイマーが鳴り響き、とどめとばかりにそのタイミングで、「ピンポーン」って実家からの宅配便が届いたんです。奇跡のようなタイミングの重なり方に、主人公の僕はパニクりながらも思わずアドリブで大笑い。すっかり楽しい気分になりました。

このように家族劇団員の皆さんのご協力により、僕の毎日は笑いの絶えない素敵な喜劇になっています。ありがとうございます。

シュフあるある　家電（いえでん）を使うなんて珍しいと思ったら、携帯を鳴らして探している。ちゃんと片付けてください。

第四章

主夫になってはじめてわかった

「男がシュフになる」

ということ

その1

母乳が出ないだけで、男にできない家事なんてありません

娘が1歳の誕生日を過ぎて、そろそろ離乳食から幼児食に切り替えなくっちゃと考えていたころ、ちょうど区の地域センターで「離乳食後期から幼児食へのすすめ方」というママ向けの講座があったので参加してきました。

第2章で触れた「離乳食教室」から8カ月。今回の講座はどんなことになったのでしょうか……。

開講の10分前あたりから、センター内の家庭科室みたいな部屋にぞくぞくと集まってきた受講者は、「離乳食教室」のときよりも少し多くて、だいたい30人くらい。そして、この手の集まりではいつものことですが、参加している「主夫」はもちろん僕ひとり。完全なアウェー状態ですが、「慣れっこ慣れっこ、気にしない気にしない」と自分に言い聞かせます。

講義では、管理栄養士の方が講師となって、わかりやすく幼児食の作り方や注意点などを教えてくれるのですが、参加しているママさんたちの表情は真剣そのもの。「子どもに

健康に育ってもらいたい」「幼児食作り頑張らなくちゃ」っていう気持ちがヒシヒシと伝わってきます。そして「離乳食教室」のときもそうでしたが、いつの間にか教室にはポジティブな空気がみなぎり、気がつけばママたちはみんな自然と前のめりに。

すると、ここでもやはり講師の先生は「のめり過ぎ」になりかけていた雰囲気を察したのか、次のような言葉をかけて、うまいこと受講者の肩の力を抜いてくれるのでした。

「レシピに書いてある調味料の分量はあくまでも目安です。基本的には自分の感覚でかまいません」

育児に真剣になるあまりママたちが必要以上に気負ってしまう。そういうパターンが多いんでしょうね。先生の絶妙なガス抜きも、すっかりお手の物のようです。

家事には「まぁいいか」精神が重要ですよって、ふだんから言ってるくせに、ついつい我が子のためにと食事作りに神経質になり過ぎていた僕も、このひと言で、ふっと我に返りました。そして周りを見回すと、ほかのママさんたちもみんな「肩の荷が下りた」的な優しい表情になっていました。あー、よかった。

で、今回は自分たちで調理はしませんでしたが、講義が終わると事前に用意された幼児食を試食させてもらうことになりました。

前回の「離乳食教室」のときもそうでしたが、人間は食事をいっしょにとると距離が近づくものなんですね。ママさんのひとりが僕に、「男性なのに赤ちゃんの食事を作るんですか？」と声をかけてくれました。もちろんそのために受講しているわけですから、僕はふつうに「はい」と答えます。すると周囲のママさんたちからは、次々と「えらーい！」「すごーい！」と称賛の声が上がってきました。

まあ、褒められるのは嬉しくないわけじゃないんだけど、僕的にはその称賛の嵐は、「とんでもない」というか、「違和感がある」というか……なんかちょっと違う感じがするんですよね。

だって僕のこれまでの経験上、

シュフという仕事は、本質的に性別とは無関係

なんですよ。僕はこうして「主夫」をやっているわけですが、ぶっちゃけ、母乳が出な

いことを除けば、「男だからできない」家事なんてないですから。掃除ひとつをとっても、手が大きいから雑巾が細かいところまで届かないかもしれないけど、その分、高いところまでキッチリ拭けるし、しぶとい汚れだって力が強いからよく落とせる。ほかのどの家事を見たって、男女の性差なんて一長一短に過ぎないって、僕は思うんです。

そう考えるとね、離乳食や幼児食を作る「主夫」の僕だけがえらいわけじゃなくて、僕に声をかけてくれたママさん、あなただって赤ちゃんの食事を作っている、立派にえらい「主婦」なんですよ。

＊　　＊

結婚している男友だちからは「家事やってるなんてすごいな、えらいよ」ってよく言われます。そんなとき僕は、「俺のことをすごいって思うその気持ちに『ありがとう』をつけて、自分の奥さんに伝えなよ」って言うようにしています。

だって、男性だろうが女性だろうが、身近で家事を担ってくれている人は、同じく「すごい」わけで、だったら、その「すごい」ことをやってくれている人にはきちんと感謝しなくっちゃいけないですからね。

シュフあるある　『男の料理』って本より、『男の後片付け』って本があればいいのに。

その2

土日だけの「育児アピール」には正直うんざり

僕はパートで芸人の仕事をやらせてもらっています。でも、パートですから基本は専業シュフなわけです。なので、買い物に出かけたりする以外、平日の昼間は家にいることが多くなります。

こう言うと、「平日の昼間に家にいていいなんてうらやましいなぁ」なんて思う人もいるかも知れませんが、たしかにそういう側面もないわけじゃありません。というか、正確にいえば、そういう側面もなかったわけじゃありません。そう、子どもが歩けるようになるまでは……。

個人差はありますけど、だいたい早い子で1歳前後くらいになるとひとりで歩きはじめますよね。とてもかわいいです。一生懸命にヨチヨチと歩く姿は、ほんとにかわいい。でも残念ながら、かわいいだけではありません。

歩けるようになった子どもと一日中家の中にいると、

正直、もてあますこともあるんです。

というわけで（もちろん、それだけが理由じゃありません。家のなかだけで遊ばせておくのはしのびないし、色いろな物に接する経験をさせたいですからね！）、子どものいる専業シュフは平日の昼間は公園に行くことが多くなります。当然、僕も娘を連れて平日の公園に遊びに行きますが、娘といっしょに元気いっぱい走り回ったり、砂場で泥だらけになったり、虫を見つけて怯えてみたり。公園というところは、ほんとうに他愛もないことで盛り上がれる（＝時間がつぶれる）場所なんです。

サラリーマンの方はあまりイメージが湧かないかも知れませんが、平日の公園には、そんな風に楽しむ親子の姿があふれています。

ただし、そんなのどかな風景をよーく見てみると、何やら異物感があることに気づくはずです。そう、わかりますか？　幸せそうな「ママ＆赤ちゃん・子ども」の組み合わせのなかに「平日公園おじさん」が紛れているんです。そう、僕のことです……。

公園で遊んでいるちびっ子たちは、「平日公園おじさん」は珍しいなぁと思っていなが

シュフあるある
虫が苦手なので殺虫剤スプレーは必需品。
でもスプレー本体に描いてある虫のイラストが苦手。

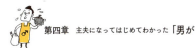

らも、あんまり気にしない感じで話しかけてきてくれたり、遊んでくれたりします。「サッカーやろうよ」っていう誘いもあれば、「パパになって座ってご飯食べて」みたいなおままごとの誘いだってうけます。

ただ一方ですね、これは明らかなんですが、

公園に来ているママたちの多くは、「平日公園おじさん」を警戒しています。

なかには話しかけてくれるママさんもいるんだけど、なんとなく警戒感というか不信感が伝わってきちゃうんですよね。別に主夫ってことを隠しているわけじゃないけど、わざわざ自分から名乗るのもちょっとアピってる感じになっちゃうし。

いずれにしても平日の昼間に公園に行くと、「主夫」はまだまだ希少な存在であるということを痛切に感じるわけです。

でも、そんな微妙な「平日公園おじさん」である僕にとっては、警戒されているとはい

えママさんたちは「お互い子育て大変ですよね～」っていう点で共感し合えるから全然いいんです。むしろイラッとくるのは、「子守りやっててえらいでしょ」感をことさらにアピールしてくる休日の子連れパパたち。

だいたいそういう「休日限定公園おじさん」に限って、僕と目が合うと「子守り頼まれちゃってお互い大変ですね～」って感じで会釈してくるんですよ。一応僕も「せっかくの休みなのに参っちゃいますよ～」みたいな顔でオトナの対応するけど心のなかでは、ぶっちゃけ「はぁ？」って感じになっちゃいます。もう少し心を広く持たなくっちゃいけませんですな。

＊　＊

と言いながら、最後に「平日公園おじさん」こと、中村シュフの心の声をお届けいたします。

「土日だけ子守りを頼まれたくらいで、なに大変だみたいな顔してんだ！」

「スマホなんか見てないで泥まみれになって遊べや、こら！」

「家に帰って『疲れたー、お昼ご飯何？　腹減ったよ早くしてよー』とか言うんじゃねーぞ！　そんな暇あったら、汗かいた子どもの着替えを済ませて、手洗いくらいさせとけー！」

シュフあるある　キッチン用漂白剤の匂いで小学校のプールを思い出す。

その3

気負いすぎの「主夫」は、時計の見すぎに要注意！

決まった時間にご飯を食べさせて、決まった時間にお散歩に行って、決まった時間にお風呂に入れて、決まった時間に寝つかせる。赤ちゃんに規則正しい生活を送らせて、健康的な生活リズムを身につけさせようという思いから、シュフの家事は日々、分刻みで進行しています。

そんなある日のこと、赤ちゃんが時計を指す動きをしていることに気がつきました。最初はチクタク動く時計に興味を持ったんだと思い「あれは時計っていうんだよー」なんて名前を教えたりしていましたが、赤ちゃんは何度も何度も時計を指さすんですね。チラチラと時計に目をやる仕草もします。

僕は「赤ちゃんってほんと何に興味持つかわかんないから面白いよなー」なんて思いながら、いつものように鼻歌まじりで、決まった時間にお昼ご飯のしたくを始めたわけなんですが、突然ハッと気がついてしまったんです。

「俺ってめっちゃ時計見てるじゃん！」

そうなんです。

赤ちゃんは時計に興味があったのではなく、時間を気にして頻繁に時計を見ている僕の姿をマネしていたのです。

そうか。僕は、赤ちゃんに申し訳ない気持ちでいっぱいになり、悲しくて、情けなくなってしまいました。

奥さんの育児休暇が終わり、ひとりで赤ちゃんの面倒をみるようになってからというもの、奥さんのためにも、自分のためにも、赤ちゃんのためにもしっかりと育児をこなさなくちゃいけない……、主夫だから、男だからって言い訳せずにちゃんと赤ちゃんを育てなくちゃいけない……、「男には育児は無理」なんて世間の人に言わせたくない……、という思いで頑張ってきましたが、そんな気持ちがいつしか知らぬ間にプレッシャーやストレスになってたんですね。だからつい時計ばっかり気にして、生活に全然余裕がなくなっていたんです。

シュフあるある　開店直後のスーパーはおばさんよりもおじさんの方が意外と多い

赤ちゃんは、そんな僕のギスギスした心を敏感に察知して、時計を見るマネをしていたんです。色んなことに興味を持ってもらおうと思って、あれやこれや見せたり聞かせしてきたはずの赤ちゃんが、よりによって時間に追われているカッコ悪い自分の姿にいちばん興味を持ってしまうなんて……。ほんとに恥ずかしいやら、悲しいやら。

いつまでもゴールのない、〝日常生活〟という家事をこなしていくのに不可欠な「まぁいいか」精神を、僕自身がすっかり忘れていました。面目ない。

子どもに教えられるって、まさにこのことです。

＊　　＊

もちろん規則正しい生活は大事だけど、それを気にするあまり気持ちがギスギスして健康を損ねてしまったり、家族の笑顔が生まれにくい雰囲気になってしまったら本末転倒です。たまにはリズムを完全に崩して楽しんでみる、そこで新たな嬉しい発見があれば、それをいつものリズムにフィードバックして、より充実したリズムを作りあげていく。いつかそんな素敵なリズムを、家族全員で刻めたらいいなぁと思います。

from 中村シュフの 日刊『主夫の友』BLOG

-2013.10.07 MONDAY-

滑り台

どちらかと言えばドキドキしながら見守った方、

中村シュフです。

赤ちゃんが初めてのひとり滑り台。

シュフ、公園でひとり泣く。

ごめんください。

シュフあるある　スーパーの前に停めてある自転車を出すときに、おばさんはひとつも後ろを気にしないから危ない。

その4

「主夫」に対する偏見は、じつは女性ほど根強い!?

赤ちゃんをベビーカーに乗せてのお散歩は気分転換になってとても楽しい。太陽の日差し、優しい風、季節の花の香りなんかを感じつつ、まだしゃべることのできない赤ちゃんに一方的に話しかけながら歩きます。

電車に乗ると、枕木の刻む一定のリズムが心地よく眠たくなるのと同じで、赤ちゃんもベビーカーが歩道のタイルの上を通るときのガタンゴトンというリズムが心地よいみたいで、散歩に出かけるとあっさりと寝てしまいます。

もちろん、赤ちゃんの散歩も「イレギュラー家事」のひとつですから、うまくストンと眠りにつけずに泣きだしちゃうこともよくあります。でも赤ちゃんってなんで眠くなると泣くんですかね。しかも、けっこう激しい感じで泣くじゃないですか。誰も邪魔しないんだからおとなしく寝ればいいのにっていつも思います。

でもまあそんなときも、少しだけ辛抱してそのままお散歩をつづけていれば、いずれ泣きやんで夢の中。赤ちゃんが眠気に抵抗して泣くのは、逆にいえばもう少しで寝ますよと

いう合図でもあるわけですから、ベビーカーの散歩では赤ちゃんが少々泣いてもあまり気にしないことにしています。もしもどこかが痛かったり、具合が悪かったりで泣いているんだとすれば、毎日いっしょにいる親ならすぐにわかりますからね。

でも、そういう僕の考えが、道行く周りの人たちになかなか伝わらないこともあります。

何でベビーカーから降ろして抱っこしてあげないのかしら？
ミルクが欲しくて泣いてるんじゃないの？

といった視線をバシバシ感じることがあるんです。さらには、

ふだんいっしょにいないパパだから、何で泣いているかわからないんだわ。
あんなに泣いちゃって赤ちゃんもパパもかわいそう……、

っていうヒソヒソ声まで聞こえてきちゃう始末。やるせないです。

シュフあるある　髪の長いママさんを見ると、どうやって子どもとお風呂に入っているのか気になる。

で、そんなある日、やはりベビーカーで泣き出した赤ちゃんに、ひとりのおばちゃんが声を掛けてきてくれたんです。

正直、素直にありがたいという気持ちと、余計なお世話だなと思う気持ちが胸のなかで同時に起きちゃいました。だいたいこういうおばちゃんって、赤ちゃんに優しく話しかけながら、自身の体験的な育児方法をアドバイスしてくれるんですよね。親切心でやってくれているのでむげにもできないけど、じゃっかん鬱陶しい部分もある。しかも僕が男だからか、そのアドバイスが懇切丁寧。さらに大抵、子どもの話からそれて、いつの間にか自分の身の上話を語りだしたり……。

そして、そのおばちゃんは泣いてる赤ちゃんを勝手にベビーカーから降ろし、泣きやませようとしてあやし始めたんです。なんて親切!?

僕には、あともう少し散歩をつづけていたら赤ちゃんは泣き止んで寝てくれて、そのまま家に帰ってベッドに移動させて、僕自身も束の間の休息がとれる――ということがわかっているんだけど、慣れた手つきで赤ちゃんをあやし始めたおばちゃんは、もう誰にも止められません。

　そして内心、絶対泣き止まないとわかっていながらも、「ありがとうございます。ママの温もりが恋しかったのかもしれないのでホント助かります」なんて言ってしまう僕。だって、おばちゃんは完全に善意ですからね。

おばちゃんはあの手この手を駆使しますが、結果、赤ちゃんは全然泣きやみません。だって、ただ眠たいだけなんだから。

　最終的に打つ手がなくなったおばちゃんは、困り顔で僕に赤ちゃんを返してきます。だから言わんこっちゃない。

＊　＊

　気まずい感じでおばちゃんがその場を立ち去ったあと、残されたのは完全に目が覚めて泣きわめく赤ちゃんと僕。再びベビーカーに乗せて、眠くなるまでもう一度お散歩をやり直しです。やれやれ。

シュフあるある　風邪をひくわけにはいかない。

その5

育児に打ち込むと女性ホルモンが分泌するみたい

ここでは僕、中村シュフが「主夫」になってから、とりわけ赤ちゃんが生まれてから感じるようになった、体の変化（進化？）について書こうと思います。

まずひとつ目、胸が大きくなりました。

とはいえカップ数が大きくなったわけではありません。結婚前は、体重が増えると大抵お腹周りや下半身についていたお肉が、主夫になってからはどうも胸周りにポチャポチャとついてくるようになったんです。

スーツを着るとよくわかるのですが、以前は太ってしまうとズボンのウエストやら太ももが入らなくなってしまっていたのが、最近では、ズボンは穿けるのにジャケットのボタンがツンツンになってしまう……そんな感じなんです。

これは単に年齢的な変化なのかも知れません。でも主夫的にはこう思うんです。外出先

時や夜中に赤ちゃんが泣きだしてしまい、どうにも打つ手がないとき、

「母乳さえ出ればな〜」って切に願っていたからおっぱいが大きくなったに違いない。

結果、今では立派な上半身デブです。

ふたつ目は、ハゲの進行が止まったことです。

小さいころからおでこが広く、髪質はコシのない「仔猫っ毛」、父も祖父もハゲていたものですから、いずれはハゲると覚悟し、頭皮ではなく心を強くすることに専念してきた僕です。そして歳を重ね、徐々に前髪が後退していくなか、限られた家計のように、残った髪の毛をうまくやりくりして生活してきました。

しかし、なぜか主夫になってからハゲなくなったんです。正確に言えば、完全にストッ

> シュフあるある　子どもの目にはこんな感じに映っているのかと、似顔絵でガッカリする。

プしたわけではありませんが、抜け毛が減って小康状態にあります。よく、頭髪は女性ホルモン、もみあげからひげは男性ホルモンが、それぞれ司っているといいますが、やはりシュフという仕事は女性ホルモンの分泌を促進するのでしょうか？

そして最後、3つ目は、めっきりお酒が弱くなりました。

家で晩酌こそしないものの、元々お酒の席が大好きな僕は、特にビールであれば、先輩方がうだうだと〝ありがたい話〟をし始めて始発で帰るような頃合いまで飲んでいても顔に出ないタイプでした。

それがですね、赤ちゃんが生まれてからというもの、ほんの少し飲んだだけでもすぐに酔っぱらって記憶がなくなっちゃう感じなんですよ。

まるで体そのものが、お酒を良くないものと判断しているように感じるんです。

まあたしかに、酔っ払った方がうまくいく家事なんてひとつもないですからね。そういう意味では、文字通り骨の髄まで「シュフ」になったという証しなのかも知れませんが……。いずれにしても主夫になったことで、ほんとにお酒を飲まなくなりました。

＊　＊

しかし、「胸が大きくなる」「ハゲの進行が止まる」「お酒をやめられる」って、これだけ見るとほとんど誇大広告の世界です。果たしてこれらの現象が、主夫になったことに起因するのかどうか、ぜひとも近いうちに医療機関で血液中の男性ホルモンと女性ホルモンの量を計測してきたいなと考えております。

「主夫になればハゲが治る！　お酒がやめられる！　そのうえかわいいいクマさん体型になれる！」

信じるか、信じないかはあなた次第ですっ！

シュフあるある　久しぶりのブランコで酔う。

その6

男が家庭に入ることのメリットは意外と多い

つづきまして、これは僕の存在意義にもかかわってくるのですが、男性が「シュフ」であることのメリットについて考えてみました。

①力仕事があまり苦にならない。

赤ちゃんとベビーカーと荷物と買い物袋をいっぺんに持つのは、女性にとって本当に大変。ほかにも布団を干したり、家具を動かしたり、ジャムのかたく閉まったフタを開けたりと、家事はけっこうな力仕事なのです。

②夜でも買い物に出かけることができる。

赤ちゃんを寝かしつけ、仕事から帰ってきた奥さんに夕飯を作ってから、夜遅くまで営業しているスーパーに買い物に出かけることができます。

女性にとっては夜道は危険ですし、「なんでこんな時間に……」みたいな世間の目もあったりするので、なかなか夜間の買い出しはハードルが高いと思われますが、「主夫」ならいずれも問題ありません。

おそらく非シュフの方は「買い物くらい昼間に済ませとけよ」と思うかも知れません。もちろん多くの女性シュフは昼間のうちに子どもを連れてスーパーで買い物を済ませていると思いますよ。ただですね、

小さな子どもを連れての買い物は、
非シュフの方々が想像している以上に大変なんです。
どうしても昼間に行けないときもあるんです。

非シュフのみなさんもぜひ一度、休みの日に子どもを連れてスーパーで買い物をしてみてください。もちろん、出かける前の〝準備〟から含めて。「たかが買い物、されど買い物」だということが、肌身で実感していただけると思いますよ。

③お出かけの準備にかかる時間が短い。

これは第3章でも触れましたが、シュフというのはお出かけの前に「自分」「子ども」「家」の3つの準備をしなくてはなりません。その際「自分」の準備にかかる時間は、当然「主

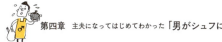

婦」より「主夫」の方が短くて済みます。

④妊婦の負担が少なくて済む

妊娠から出産、そして、その後しばらくの間っていうのは、女性は基本的に安静にしてなきゃいけないのですが、日々の家事というのはけっして途切れることがありません。なのでこの時期の「主婦」のみなさんの多くは、

「安静にしてなくちゃ」と言われる一方で、家事に追われて「安静にしていられない」という矛盾

を抱えているわけです。その点「主夫」がシュフだと、母親に家事の負担をかけずに済みますので、母子の健康状態を良好に保つのにとても効果的。家族の増えた新しい生活にもスムースに移行できます。

⑤夫婦いっしょに子どもをみられる期間が長い。

男性の育休取得が困難な現状を考えると当然の話なのですが、「働く旦那さん（育休取

らず）と主婦」の組み合わせよりも、「働く奥さん（育休取る）と主夫」の組み合わせの方が、夫婦で育児にかけられる時間は長くなります。

ただ、ここで勘違いしちゃいけないのは、

奥さんは育児休暇を「取れる」から「取る」のではなく、「取らない」という選択肢がないんです。

それに比べると、人によって状況はさまざまでしょうからあんまり断定的なことは言えませんが、旦那さんの方は、育児休暇を「取れない」のではなく、単に「取りたくない」ってだけのこともあるんじゃないかな……と僕は思います。

＊　＊

ちなみに「主夫がシュフ」のデメリットは「母乳が出ない」こと、それだけです。

シュフあるある　お父さんにも産後太りは存在するみたい。

その7

思えば遠くへ来たもんだ、山岳部から「シュフ」の道

高校時代とかの仲間って不思議なもので、一度疎遠になっていったはずがいつのころからか、また時どきみんなで会うようになったりしますよね。30歳を過ぎたあたりからでしょうか。家庭のグチに仕事の文句、懐かしい昔話など、じつに他愛もない話に興じて、仕上げは「いやぁ、お互い年取ったよね」とお約束でしめる。こんな集まりを楽しめるのも昔の仲間のいいところ。ストレス解消にも効果絶大です。

ところがですね、そんな昔の仲間との楽しいひと時がなかなか持てないのが「主夫」の悩ましいところなんですよ。というのも、

「女子会」はランチでも全然ありなのに対して、
「男子会」というのは基本的に夜なんです。

なにも男性だから夜に酒を飲まなくちゃいけないなんて決まりはないですよ。でも、30

代半ばの男子5〜6人が休日の昼間にイタ飯屋さんで2時間も3時間も談笑してたら、じっさいのところ引きますよね。ましてやそこで、ニコニコしながらマウンティングをとったりとられたりなんていう会話が繰り広げられようものなら、もう想像するだけでありえない。

いずれにしても「男子会」というのはまだまだ夜のイベントなんですよ。そして夜のイベントっていうのは、小さな子どものいる家庭のシュフにとっては参加のハードルが非常に高いので、僕もシュフの例に漏れず参加することが難しいのです。

もちろん無理をすれば参加することもできなくはないですけど、

家を出る前に済ましておかなきゃならない家事の量と、家を空けて戻ってきたときの揺り戻しの家事の量を考えると、そもそも飲み会に行く前から疲れちゃう。

それに、これは自分の問題なんだけど、行ったら行ったで奥さんや子どもが心配で早め

シュフあるある　キラキラネームを聞いたときのリアクションに悩む。

に帰宅してしまう始末ですから。

ですが、そんな僕にも、家事や家族のことを何も気にせずに高校時代の友人たちと集まれる機会があります。それは2年に1度、年末に開催される1泊2日の「山岳部OB旅行」です。年末に子どもを連れて奥さんが帰省したあとなので、家事のことを何も気にすることなく、羽を、手足を、心を思う存分に伸ばすことができる唯一の機会。しかも仲間たちのさまざまな山岳スキルによって、「シュフ」としてのストレスが信じられないくらい癒やされる、とても快適な旅になるんです。

以下、そんな山岳スキルの一部をご紹介します。

①時間厳守。
山に登るときは分刻みの行動計画を立てます。なので時間にルーズな人間がいない。これはふだん、時間が読みづらい子ども中心に行動しているシュフにとって、とても嬉しいことです。

②料理好き。
山の上では限られた時間と水と燃料で、体力を最大限に回復させる料理を作らなければ

なりません。そのため山岳部員は、時間も水も手間も洗い物も少なく料理を作ることができます。ちなみにこの旅行では、旅費を抑えるために必ずキッチン付きの部屋を選んで自炊しています。僕以外の既婚者メンバーはふだん奥さんに遠慮して（もしくは二度手間だと言われることを恐れて）、家で料理をせずに過ごしていますから、ここぞとばかりに山岳部員ならではの隠し持っていた料理スキルを発揮し、テキパキとご飯を作ることで、大いにリフレッシュしています。

そして僕に、「中村は主夫で普段料理してるんだから座って寛いでてよ」と優しい言葉をかけてくれるのです。「上げ膳据え膳」のおかげで僕もすっかりリフレッシュできるという、ちょっと奇妙なwin-winのありがたい関係。

③マメに動く。

男だらけの部屋飲みだとテーブルも流しも汚れ放題になりそうなもんですが、ここでもまた山岳部時代のテント生活での経験があるため、役割分担をきちっと決めて、すぐに片付けがはじまります。ゴミを分別して集める者、食器をひたすら洗う者、次の食事の買い出しや下準備に入る者、温泉に行く者などなど……。

シュフあるある　天気がいいだけで気分がいい。

温泉に行く者？　これもじつは重要な役割なのです。狭いテントのなかでの調理では全員が動き回ると思わぬ事故につながりかねないので、「何もせずに待機して、できたご飯を最初に食べる」という役割があります。部屋のなかで全員があれこれ動くよりも、活動スペースを確保するために何人かがさっさと温泉に行く、という役割もこれと同じ理屈です。

ちなみに我らが母校の山岳部は「マスターオブライフ（人生の達人）」をスローガンに掲げていますが、家族が日々を快適に過ごせるように家事を切り盛りするシュフは、まさに人生の達人だと思っています。

＊　＊

手前味噌でアレですが、山岳部出身者の男性はいいシュフになりますよ。「♪娘さんよく聞けよ山男にゃ惚れるなよ」なんて歌がありますが、僕はむしろまったく逆に、家事に活かせる技術を身に着けた我慢強い山岳部員は「シュフ」におススメだと思っています。

そうだ、今度は『結婚相手には男子校出身山岳部が良い10の理由』なんて本でも書いてみよっかな。

from 中村シュフの 日刊『主夫の友』BLOG

-2014.03.25 TUESDAY-

バックル

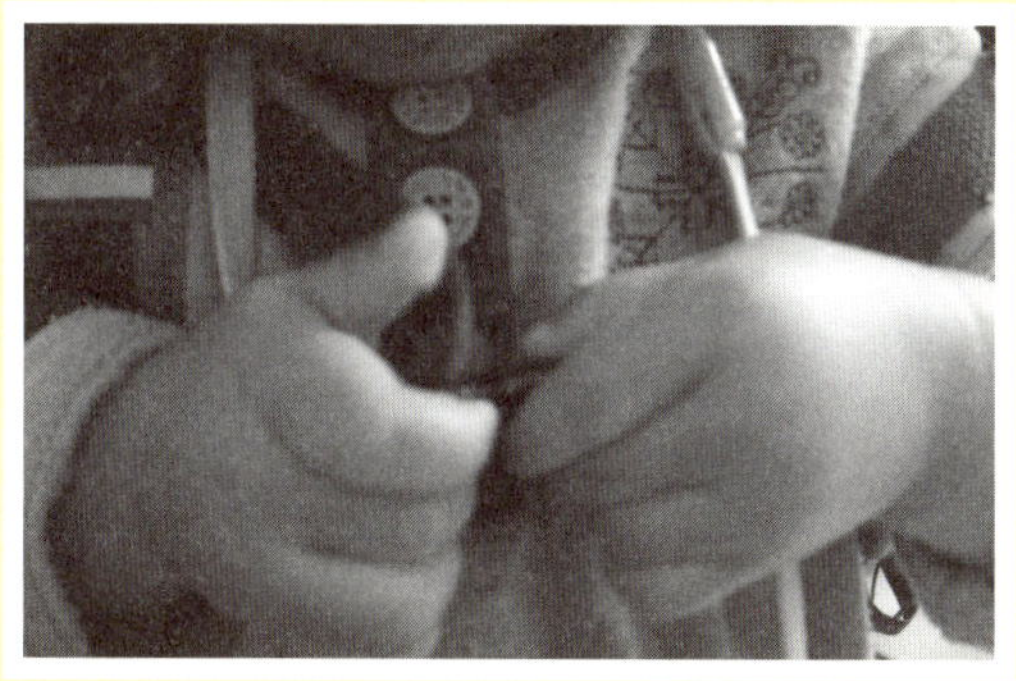

どちらかと言えば山に登りたい方、中村シュフです。
リュックのチェストストラップについているバックルを
「カチッ」って留めることができるようになった赤ちゃん。
繰り返し繰り返し脱着しております。元山岳部として
チェストストラップの重要性を知っているだけに、
繰り返し繰り返し脱着におつきあいしております。
ごめんください。

シュフあるある　おにぎりを握っているときに指についたご飯粒はすごく美味しい。

終章

主夫になっても考え続けている「シュフ」のこと

世の中には「100%シュフの人」もいなければ、逆に「100%シュフじゃない人」もいないんです。

専業主夫として家庭に入ってから、早いものでもう足かけ5年目に突入しましたが、いまだに「家事」って不思議なものだと思うんです。誰にとっても生きていく上で欠かせない身近な存在のはずなのに、その実態は当事者である「シュフ」以外にはほとんど知られていません（＊この本では「家事」と「育児」を別の章にしていますが、本来「家事」という語には「育児」も含まれます）。ていうか、「シュフ」自身だって灯台下暗しかも知れませんが……。

もちろん現在では家庭科が男女ともに必修になりましたから、「家事」についての理解はだいぶ深まっているのでしょうが、それでもまだ社会全体で見れば「家事」および、それに従事する「シュフ」への理解は進んでいません。その結果、男女間でのさまざまな誤解や衝突が生まれ、本来家族が癒やされるべき場所である「家庭」の居心地を悪くしてしまっているケースも多々あります。

これは「家事」についての情報が乏しく、さらにその情報をお互いが共有していないことが大きな原因のひとつだと思います。それではなぜ「シュフ（＝多くは女性）」と「非シュフ（＝多くは男性）」

の間で情報の共有が不足してしまうのか？　その理由はきっとこのふたつに尽きるでしょう。

「家事なんて仕事より楽に決まってんだろう」

と、非シュフが思っていること。

それと、

「家事のことなんて相談したってしょうがない」

と、シュフがあきらめていること。

これが大きな間違いなんです。

家事は仕事に比べて全然楽じゃないし、

きちんと話さなければ理解してもらえません。

とはいえ長い時間をかけて社会が培ってきた固定観念というものはなかなか崩せないのもまた事実。「シュフ」と「非シュフ」の間の相互理解が深まるまでにはまだまだ時間がかかりそうです。

幸いにして僕は、家政学科を卒業して家庭科の教員免許を持っている上、お笑い芸人でもあり主夫として家事と育児をこなしているという立場におります。また、非シュフである男性の「家事」に対する一般的な気持ちもわかれば、シュフの役割を担っている女性の「家事」に対する思いも理解できる。そういう非常にレアな立ち位置でもあります。

だとするとですね、お互いの情報不足からおきてしまう、この「家事」および「シュフ」をめぐる男女間の深い溝を少しでも埋めるために、僕がやれることはたくさんあるんだと思います。

なんてったって「日本唯一の主夫芸人」ですから、「シュフ」と「非シュフ」の架け橋になるにはもってこい。それどころか僕に与えられた使命なのかも……とすら思ってしまいます。

えっ、なんだかえらそうで鼻につく？　いやいや全然そんなことないですよ。「シュフ」の実態も理解できて「非シュフ」の気持ちにも共感できるなんていうと聞こえがいいですけど、言ってみれば、

オネエの人たちが男性のことも女性のことも理解できるのとまったく同じ理屈ですから（笑）。

ただまあそういう使命感はあるのですが、この手の話というのは、基本的には夫婦の問題だったりもするんですよね。この本のなかでも何度も書いてきましたけど、「家事」というのはそれぞれの夫婦や家族ごとに、いちばん良いと思う形を作りあげていくべきものですから、万人に通用する正解なんてありません。だから、「シュフたるものこうあるべき！」とか「非シュフの夫はもっとお手伝いをしろ！」なんて僕が言っても何の意味もありません。家族みんなが少しずつ想像力を働かせ、互いのことを思いやるしかないのです。

しかしながら、そんな無力な僕ですが、最後にひとつだけ声を大にして言っておきたいことがあります。すでに再三アピールしてきたことですが、あえてもう一度言います。

僕は「主夫芸人」です。

文字通り、「主夫」であり「芸人」。どっちがメインかと言えば「主夫」ですが、

「芸人」である僕も僕だし、
「主夫」である僕も、やっぱり僕なんです。

「もうそれはわかったよ！」とうんざりされるかも知れませんが、このことは「シュフ」という存在を考えるときにとても大切なことなんです。

なぜならどんな人間もひとつの要素だけでできているわけではないからです。「専業シュフ」を例にとって見ると、たしかに外でフルタイムの仕事はしていないかも知れませんが、それでもその人は100％「シュフ」なわけではありません。「シュフ」という要素はあくまでもその人を構成している一部分にしか過ぎず、パートのお仕事やボランティアの地域活動といった、「社会とつながっている部分」だったり、スポーツや習い事などの趣味に打ち込む「本来の自分としての部分」だったりと、さまざまな側面があるわけです。忘れがちですが、

世の中には「お金を稼ぐ」こと以外にも立派な役割がたくさんあるんです。

裏を返せば、バリバリの「仕事人間」にだって「家庭の一員としての部分」が間違いなく存在しているはずです。会社に出勤してタイムカードを押してから、仕事終わりにふたたびタイムカード

を押すまでは「仕事人間」かも知れませんが、それでも家路に着く途中で、きっと「家庭人」としてのタイムカードを押しているのではないでしょうか。

人間という生きもののなかにはさまざまなチャネルが存在し、それらをＴＰＯに合わせて選局することで、トータルの「自分」という像を結んでいる、僕はそんな風に思うんです。

だから、専業「シュフ」がいる家庭だろうが、共働きの家庭だろうが、あるいは単身者だろうが、そこで生活するすべての人が、自分のなかに「シュフ」というチャネルを持つことはとても自然なことですし、この本が自分のなかの「シュフ」というチャネルについて考えるきっかけになってくれれば、それ以上の幸せはありません。

＊　＊

新橋の居酒屋で、慣れない家事を押し付けられ、本音や不満を吐き出したい「非シュフ」がいれば一献つきあい話を聞いて、自由ヶ丘のレストランで家事に対する家族の無理解を嘆く「シュフ」がいればいっしょにランチを食べて気持ちに寄り添う。そして、すべての家族が幸せになれるようなお手伝いをする。そういうものに私はなりたい。

あとがき

主夫についての本を書きませんか――。

本書への初めてのお誘いがあったのは娘が2歳になって1ヶ月ほど過ぎた、葉桜がきれいな2014年4月末のことでした。

5月上旬に自宅近所の喫茶店で編集者さんと初顔合わせ。出版に関するお話を聞いて、自分の本が出せるという嬉しさと、奥さんをはじめ両親や応援してくれている方々に喜んでもらえるかもという気持ちから、このお仕事を引き受けることに決めました。打ち合わせが終った帰り際に、編集者さんから「本が出るのは来年の春くらいになりますよ」という言葉。「娘の誕生日が3月28日なんですよ」と答えると、「それじゃあ娘さんの3歳の誕生日に発行しましょう!」って素敵な提案! 娘にプレゼントできるというワクワクも加わり、いざ初めての執筆活動がスタートいたしました。

家事というのは留まることがありません。それは執筆作業中でも変わらず、この間にも中村家にはさまざまなことがありました。本書では触れていませんが、8月には次女が生まれました。赤ちゃんが生まれてからは抱っこしたりおんぶしたりの状態で立ったまま原稿を書きました。また10月には長女の幼稚園入園騒動（!?）がありました。入園願書の提出のために徹夜で並んだりして、そのときもスマホで原稿をチラチラと書きました。僕自身も、秋口からは雑誌『レタスクラブ』（KADOKAWA）での連載や、台所用洗剤『Magica』（ライオン）のキャンペーンのお仕事が始まったりと、ほんとにバタバタしていましたが、なんとかその合間を縫って執筆。そうそう、そしてもちろん、産休・育休中の奥さんに毎日昼食を作りながらも原稿を書き続けました。

そんなこんなで、今回無事に、長女の誕生日が伸び伸びになることなく、3月28日に刊行と相成りました。娘への誕生日プレゼントでもあるこの本が完成できてホントによかったです。

執筆を終えて、「本を書く」という作業と「家事」は似ているなぁって思いました。洗濯物を洗濯機に入れていつの間にかキレイな服が畳まれて積まれているなんてことがないように、「本を書く」という作業もまた、パソコンの電源を入れていつの間にかキレイに書き上がった本が本屋さんの棚に積まれているなんてことはありません。

当然そこには「流れ」があります。

まず洗濯物を色分けする下準備があるように、原稿の元になるブログや日記を、書籍化するのに使えるものと使えないものに仕分けします。

そして洗濯機を回すように、頭をフル回転させて原稿を書き、洗い終わった洗濯物を干して太陽の力で乾かすように、提出した原稿を編集者さんの力を借りて完成させる。

次に、大量の服をキレイに畳むように、文章全体を構成し、収納ケースにしまうように、ステキなデザインの表紙に包んで、ようやく本という形になっていく。

最後にここからが肝心です。家族がキレイなお洋服を着てハッピーになるように、この本を買って読んでもらった多くの方にハッピーになってもらうことで、ようやく「流れ」が完結するんじゃないかな、と思っている次第です。

家事によって家族が健康で快適な生活を送れるように、この本が、読んで下さった方の「家事」や「シュフ」について考えるキッカケとなり、読む前より少しでも、心が健康で快適になってもらえたら、これに勝る幸せはありません。

さて、9月には奥さんの育休も終わって仕事へ復帰いたします。
そこからは僕とふたりの娘とで過ごす時間が増えていきます。奥さんと娘ひとりでも本書の内容のような沢山のドタバタテンヤワンヤがあったのに、そこにもうひとり娘が参戦するかと思うと、今から不安と楽しみでいっぱいですが、「まあいいか」精神を発揮して頑張っていこうと思います。

最後になりますが、「中村シュフ」の生みの親であるマキタスポーツさん、プチ鹿島さん、サンキュータツオさん、出版の機会を与えて下さった猿江商會の古川聡彦さん、執筆活動を応援したりちょっかい出して楽しくしてくれたりした奥さんとふたりの娘、そしてこの本を手にとって下さったみなさまに、この場をお借りして感謝申し上げます。

シュフとは、日々の生活を率先してデザインしていく〈権利〉を有する人のことです。

平成27年3月　中村シュフ

主夫時代タイムスケジュール
〜娘2人バージョン〜

●2014年9月　●妻育休中　●長女2歳、次女1カ月

6:00	**起床**　次女の深夜の授乳からそのまま起きていることも多い
6:30	**朝食**　長女の歯磨きひと悶着からのトイレトレーニングで、もうひと悶着 **洗濯**
8:00	**洗濯物を干す**
9:00	長女といっしょに**スーパーへ買い物**
10:00	長女といっしょに**児童館や公園へ**
11:30	**帰宅して昼食**
12:30	**長女お昼寝させる**
13:00	**執筆** or **午前中やり残した家事**（洗濯2回目、買い出し、銀行） 次女をベビーバス代わりの衣装ケースで**お風呂**
15:00	**長女起きる**。お姫様ごっこの王子様役でお城のなかで料理をする。 ここでも主夫役
16:00	**夕飯準備**
17:00	**夕飯からの歯磨き、トイレトレーニング**の大変な流れ
18:30	**奥さんが長女といっしょにお風呂へ** **次女を抱っこして寝かし付け**（抱っこしながら**洗濯 or 執筆**）
19:00	**奥さんと長女が就寝**
20:30	**2時間抱っこ**したところでベビーベッドへ次女を降ろす
21:00	**洗濯 or 買い出し or 執筆**
24:00	明日の朝起きた時にガッカリしない程度に部屋を**片付けてから就寝**
2:00	**次女の授乳で奥さんといっしょに起きる。** 授乳するときにタイミングよく授乳枕を赤ちゃんの背中にあてがう、奥さんの水分補給、奥さんの肩を揉みながら楽しい話をして笑ってもらうという主夫芸人ならではの家事
3:00	**再び就寝**　明け方にもう1度授乳で起きることもしばしば

主夫になってはじめてわかった主婦のこと

2015年3月28日　初版第1刷発行

著者　中村シュフ

発行者　古川聡彦
発行所　株式会社猿江商會
〒135-0006　東京都江東区常盤2-11-11-302
TEL：03-6659-4946
FAX：03-6659-4976
info@saruebooks.com

カバーイラスト　北村 人
装丁・本文デザイン　園木 彩
印刷・製本　壮光舎印刷株式会社
本文イラスト　加藤ジャンプ

ISBN978-4-908260-01-8　C0036　Printed in Japan

中村シュフ
Shufu NAKAMURA

1979年、埼玉県生まれ。東北生活文化大学家政学部卒業。家庭科教員免許（中・高）、保健教員免許（中・高）、整理収納アドバイザー2級の資格を持つ。2006年、M-1グランプリで準決勝に進出するも2010年に解散。その後、結婚を機に家庭に入り、現在2児のパパ。家事と育児に多忙な毎日を送るかたわら、お笑いライブのお手伝い、イベントの司会、情報番組のレポーター、ワークショップ講師、雑誌の連載など多彩なパートを手掛ける、日本唯一の“主夫芸人”。

【公式ブログ】
中村シュフの日刊『主夫の友』
http://nakamurasyufu.jugem.jp/